PEDAGOGIA DA MEMÓRIA

Registros históricos e testemunhos em defesa da FAFIL e do projeto de construção do curso de formação de professores na Fundação Santo André

Marli Pinto Ancassuerd

São Paulo, 2000

PEDAGOGIA DA MEMÓRIA

Registros históricos e testemunhos em defesa da FAFIL e do projeto de construção do curso de formação de professores na Fundação Santo André.

Marli Pinto Ancassuerd

Editor
Sebastião Haroldo de Freitas Corrêa Porto

Projeto Gráfico
Flávio Leal

Capa
Cauê Porto

Revisão
Silvana Pereira de Oliveira

Dados Internacionais de Catalogação na Publicação (CIP)
(Câmara Brasileira do Livro, SP, Brasil)

Ancassuerd, Marli Pinto
Pedagogia da memória: registros históricos e testemunhos em defesa da FAFIL e do projeto de construção do curso de formação de professores na Fundação Santo André/ Marli Pinto Ancassuerd. -- São Paulo: Porto de Idéias, 2008.

1. Ensino superior 2. Faculdade de Filosofia, Ciências e Letras de Santo André. Departamento de Educação - História 3. Santo André (SP) - História I. Título.

08-07857   CDD-378.81612

Índices para catálogo sistemático:
1. Departamento de Educação: Faculdade de Filosofia, Ciências e Letras de Santo André: História 378.81612

978.85.60434.39-8

Todos os direitos reservados à
EDITORA PORTO DE IDÉIAS LTDA.
Rua Pirapora, 287 – Vila Mariana
São Paulo – SP – 04008.060
(11) 3884-5024
portodeideias@portodeideias.com.br
www.portodeideias.com.br

AGRADECIMENTOS

Luiz Carlos Barreira, um mestre e meu orientador. Foi ele que acompanhou esta pesquisa com críticas e sugestões e, certamente, é responsável, também, por essa "veia de historiadora" que hoje assumo.

Marilena Nakano, companheira de lutas, amiga e crítica, severa quando necessário, ajudou-me a amadurecer as idéias que resultaram neste trabalho.

Maria Helena Bittencourt Granjo, Maria Elena Villar e Villar, e Elmir de Almeida, amigos e colaboradores.

Antonio Rago Filho e Déa Ribeiro Fenelon, cujas observações críticas foram fundamentais.

Funcionários da FAFIL, Jaime, Cidinha, Toninho e Lídia, que facilitaram a localização de documentos necessários nos *labirintos* dos arquivos institucionais.

Alunos-trabalhadores e professores da FAFIL, razão final dos meus esforços.

Cíntia digitou, com extrema paciência e zelo, os manuscritos produzidos.

Para minha mãe, sempre presente na minha saudade.

PREFÁCIO

Longe do Brasil, do outro lado do oceano, vivendo o paradoxo de ser exilada política dos tempos da democracia desde 2006, porque ousei defender os direitos humanos em nosso país, recebo o livro da Marli Pinto Ancassuerd com um pedido para que eu escrevesse o prefácio. Fiquei feliz não só pelo pedido, mas muito mais porque Marli, minha querida amiga, velha companheira de tantas infindáveis batalhas, encontrou tempo em meio a elas para pensar na publicação de sua pesquisa.

Mais feliz ainda fiquei ao saber que o livro será lançado quando a "Casa Amarela", o lugar simbólico do poder na Fundação Santo André, será ocupada por aqueles que tanto lutaram para fazer desta instituição um espaço mais humano e democrático.

Li o livro de um só fôlego. Como num filme, me via inteira dentro dele. Em cada trecho me reconhecia em meio a diversos atores que tentaram ao longo de anos criar algo de novo, seja no espaço da cidade, seja no interior da Fundação Santo André, seja no interior do Departamento de Educação.

No âmbito da cidade, vi-me nascendo nela em 1947, ano em que foi eleito e cassado o prefeito, porque operário comunista. Apesar de seus desejos, os habitantes da cidade que nele votaram ficaram impedidos de ver realizado seu sonho de traçar outros rumos, diversos do que já estava instituído. Mas esses sujeitos não abandonaram seu desejo de transformação. Por isso, quando se fala de Santo André e ação coletiva, é comum virem à cabeça as ações de seus operários. Eles projetaram a cidade, junto com os demais operários da região do ABC, para fora de seus muros, em direção ao país e ao mundo, especialmente nos anos 80.

Se o operariado habita o imaginário dos que pensam a cidade, ela não foi povoada apenas por ele. Estudantes, artistas, religiosos, dentre tantos outros atores, marcaram forte presença no espaço local, por meio de suas ações.

Como relata Marli Pinto Ancassuerd, a AUSA – Associação dos Universitários de Santo André – é exemplo de como universitários, estudando ou habitando a cidade, marcaram lá sua presença. Dentro dessa associação, alunos da Faculdade de Filosofia, Ciências e Letras – FAFIL, da Fundação Santo André, especialmente do curso de Pedagogia, compuseram sua diretoria, dando a ela novos ares. Traçava-se assim o elo entre eles e a produção da própria cidade.

Por meio de suas ações, eles faziam da FAFIL algo que não era a "uspinha". A FAFIL era outra coisa, ainda mal desenhada na cabeça de cada um. Tratava-se de algo que não estava dado e que aparecia de forma conflitual. Algo que vai aflorar fortemente no interior do Departamento de Educação, tal como analisa Marli Pinto Ancassuerd. Dentro deste Departamento, por inúmeros e sucessivos atos, professores e alunos produziram ações conflituais, evidenciando disputas entre projetos. Esse é seu grande achado, pois o agir conflitual traz contido nele a possibilidade do novo.

Analisar o Departamento de Educação a partir de seus posicionamentos, suas crises, seus conflitos, significa trazer à tona o sentido deste agir, aquele que não é determinado pelo instituído, pois é instituinte. Significa perceber que nesse campo o ator cria novas orientações e ele se reconhece como (co)autor de novas possibilidades. Por meio do agir conflitual os atores redefinem incansavelmente o social. Por isso a tensão é elemento que se faz presente.

O texto aponta para essa tensão portadora do novo, desde o seu início, quando aborda a cidade e trata do operário comunista que eleito prefeito da cidade, jamais chegou a sê-lo concretamente.

A ordem instituída o impediu de viver a experiência de governá-la, cassando seu mandato antes de sua posse.

Essa mesma tensão aparece tantas vezes ao longo da história do Departamento de Educação. Por exemplo, em função de sua opção pela educação pública, de seu trabalho pela autonomia, das ações de resistência e denúncia contra a demissão de professores. Enfim, resgatar a história desse Departamento faz vir à tona a ordem e a luta contra ela para a produção de algo novo. Essa é a grande questão.

A autora segue nessa linha até o final de seu livro quando na conclusão escreve: *"Ao término do período alcançado por este trabalho de pesquisa foi possível observar indícios de que uma nova tendência, voltada para a produção de conhecimento, está em gestação no curso de Pedagogia. Nos anos vindouros, tal proposta, se efetivada, baterá de frente, com certeza, com a estrutura da escola superior vigente na Instituição"*.

Olhar o livro produzido por Marli Pinto Ancassuerd com este olhar permite dizer que ela vai muito além do Departamento de Educação ao nos revelar que no seu interior estavam em disputa projetos distintos para a Instituição como um todo. Disputas que chegaram aos dias de hoje e que tiveram sua expressão máxima no segundo semestre de 2007 e primeiro de 2008, através das lutas travadas pelos atores da Fundação Santo André contra seu antigo reitor. Esse é o grande valor de seu texto. Ela aponta para a existência do agir conflitual dentro dela, portanto para a possibilidade de nascer algo que não está ainda enquadrado pela ordem vigente.

Marilena Nakano, França, julho de 2008

ÍNDICE GERAL

Introdução 10

Capítulo I – Reprodução do espaço urbano, periferia e movimentos associativos: a Santo André dos anos 50 e 60 13

   Urbanização e expansão da periferia 13

   Movimentos associativos urbanos 17

      Sociedades de Amigos de Bairros (SABs) 17

      A Associação dos Estudantes Universitários de
Santo André (AUSA)..18

      O Centro Popular de Cultura (CPC) do
Sindicato dos Metalúrgicos de Santo André....................................20

Capítulo II – A emergência da Faculdade Municipal de Filosofia, Ciências e Letras de Santo André: uma "uspinha"...................22

   O ensino superior: anos 50/60 23

   Autoritarismo e universidade..24

   Uma "uspinha" em Santo André 28

Capítulo III – A instituição do Departamento de Educação – a constituição de um coletivo 37

   Ano de 1972, enfim, uma crise no Departamento!.......................38

   A busca de um perfil mais claro para o Curso de Pedagogia..........44

      Sobre as influências da Reforma Universitária/68 na "uspinha" 46

   A luta pela autonomia: quando os atores entram em cena 49

      Como nos tempos da Ditadura...52

   "Petistas" e/ou "baderneiros", por oposição
aos "grupos da ordem": os embates políticos
no interior e para além dos muros da FSA.......................................57

Capítulo IV – Jovens e adultos trabalhadores no Ensino Superior 59

   Quem são os alunos do curso de Pedagogia?................................59

   Jovens e adultos trabalhadores: alunos nem sempre disciplinados... 76

Capítulo V – Perspectiva generalista, tecnicismo e projeto histórico-crítico: possibilidades na formação de professores no Curso de Pedagogia na FAFIL: 1966-1990 81

Uma formação de caráter generalista – 1966-1969 81

O início das Habilitações – 1970-1974 84

Formação de Especialistas e Tecnicismo – 1975-1986 88

Formação de Especialistas e a busca de alternativas:
a disputa por um projeto histórico-crítico – 1987-... 94

Considerações finais 98

Posfácio 100

Bibliografia 103

Lista de abreviaturas 109

Anexos 110

Primeiros professores autorizados a lecionar na FAFIL-FSA
(Parecer nº 987/65: autorização para funcionamento da
Faculdade de Filosofia, Ciências e Letras de Santo André) 110

Licenciados no Curso de Pedagogia – FAFIL-FSA (1969-1990) 117

Depoimentos 118

Professor Nelson Zanotti 118

Professora Marilena Nakano 123

Professor Elmir de Almeida 128

Notas 134

INTRODUÇÃO

> A História é um profeta com o olhar voltado para trás:
> pelo que foi, e contra o que foi anuncia o que será.
>
> *Eduardo Galeano*

Este trabalho tem como objeto de análise, a trajetória do Departamento de Educação da Faculdade de Filosofia, Ciências e Letras de Santo André (FAFIL), cuja mantenedora é a Fundação Santo André (FSA), entidade jurídica de direito privado, sem fins lucrativos e subvencionada pela Prefeitura Municipal de Santo André[1].

A tarefa que assumimos corresponde ao desafio de transformar uma quase crônica circunstanciada em conteúdo de trabalho teórico, de maneira a desvendar a especificidade de práticas de ensino superior delimitadas e buscando no campo dos fatos com seus laços próximos e sua importância relativa, a trama das relações cujo desenvolvimento tentamos compreender.

Cumpre, também, situar com clareza a posição que ocupamos: ex-aluna licenciada pelo curso de Pedagogia, concluímos o Curso de Aperfeiçoamento em Pedagogia e de Especialização em Orientação Educacional (nos idos dos anos 70), no centro de Pós-Graduação da FSA. Iniciamos a carreira como professora assistente no Departamento de Educação. Não é por outra razão que vemos a tarefa a que nos propusemos como uma investigadora militante.

Abordamos a trajetória particular de uma instituição, caracterizada por um conjunto de fatos e vivências dos quais participamos. É também parte da história a consciência, mesmo que equivocada e sobre ela é preciso trabalhar a apropriação teórica como um processo de crítica, interpretação e avaliação. Buscamos dirigir o olhar para o sentido longo desta investigação: apontar para novas e possíveis ações, reflexões e intervenções, desafios a serem tomados com utopia e realismo.

O trabalho de pesquisa realizado permite a visualização de diferentes *tempos, espaços e sujeitos/protagonistas*, que se entrecruzam nos processos de constituição do Departamento de Educação e da FAFIL.

A Faculdade de Filosofia, Ciências e Letras de Santo André representou um marco significativo para a região do ABC paulista, quando da sua instalação na década dos 60. Falamos de um outro tempo: o de uma industrialização acelerada, da migração intensa e do crescimento geométrico do número de escolas primárias e dos ginásios noturnos; o do comprometimento de prefeitos municipais com a modernização dos espaços urbanos e seus aparelhos: escolas, teatros, centros culturais e comunitários e, também, avenidas, viadutos, paços municipais grandiosos.

Na década dos 80, o Departamento de Educação da FAFIL elegeu o *aluno-trabalhador*[2] como eixo norteador de seu projeto pedagógico – um projeto ético-pedagógico. As ações foram no sentido da viabilização desse projeto, num espaço sócio-cultural, no qual o predomínio hegemônico era disputado.

Nesse sentido, constituem testemunho histórico importante não só a documentação escrita produzida, como também toda a documentação legal e a memória oral.

Tratamos aqui de uma instituição escolar que pouca atenção deu, apesar de nossas insistentes reivindicações, à organização dos seus arquivos, à sua *memória*, que não a laudatória[3].

Não haverá, certamente, um só caminho para a abordagem histórica de uma instituição de ensino. A nossa escolha foi eleger o *aluno-trabalhador*. Buscamos investigar:

1. Quem é o aluno-trabalhador de que falam professores nos seus programas disciplinares, o Departamento nos seus projetos coletivos, os próprios alunos nas suas reivindicações e proposituras de luta, a Administração Central da FSA nas suas deliberações e encaminhamentos?

2. Quais as evidências de que o Departamento de Educação agiu como um coletivo ao definir-se pela formação de professores-alunos trabalhadores?

3. Quais as decorrências dessas ações (internas ao Departamento) nas relações com os demais Departamentos e a Direção da Faculdade; com a Administração Central da FSA, a Administração Pública Municipal, e outras organizações (sindicatos, partidos políticos, redes de ensino pública e privada da Região, grupos comunitários, a imprensa local)?

4. Qual a natureza das controvérsias estabelecidas a partir daquelas ações e relações?

5. Qual a natureza das ações do Departamento de Educação – suas práticas de resistência e suas ações pró-ativas, buscando a inovação?

6. Qual o ideário dos "professores-fundadores" (uspianos) para a constituição de uma faculdade de filosofia, ciências e letras em Santo André – anos 60?

7. Há possibilidade de ações coletivas serem levadas hoje, por alunos e professores, no interior do Departamento de Educação e dos seus cursos de formação de professores?

Esse estudo situa-se, portanto, na modalidade que se convencionou chamar de *estudo de caso*.

Capítulo I – REPRODUÇÃO DO ESPAÇO URBANO, PERIFERIA E MOVIMENTOS ASSOCIATIVOS: A SANTO ANDRÉ DOS ANOS 50 E 60

> Nos anos cinqüenta, não só chegou ao ABC a grande indústria automobilística, que multiplicou o número de operários, sobretudo mineiros e nordestinos. Chegaram, também, o debate político e a multiplicação das idéias, os primeiros intelectuais, a proliferação dos ginásios estaduais e Florestan Fernandes fazendo conferência em favor da escola pública.
>
> *José de Souza Martins*

Urbanização e expansão da periferia

Na década de 50, a cidade de São Paulo e municípios vizinhos tiveram um crescimento acentuado em virtude da instalação de grandes indústrias, em particular do setor automobilístico, o que provocou mudança qualitativa do parque industrial da região.

São vários os autores que estudaram o processo de desenvolvimento urbano e aqui não se pretendeu fazer uma análise exaustiva dele e, sim, delinear melhor o cenário no qual surgiram as faculdades que hoje compõem o Centro Universitário da Fundação Santo André: a Faculdade de Economia (1953) e a de Filosofia, Ciências e Letras (1966).

O crescimento urbano é expressão significativa das transformações decorrentes do desenvolvimento capitalista no Brasil pós 1930. A formação das metrópoles urbanas, iniciada nessa época, teve em suas origens, segundo Paul Singer (1977, p. 124) as determinações sofridas pela grande concentração de capital.

A maior concentração de capital localizou-se em São Paulo. Este centro já possuía o parque industrial mais avançado do país em função do grande mercado regional formado pela agricultura. Esse processo de concentração é analisado por Pastore & Carmo (1973, pp. 27-28).

A grande ampliação das atividades do setor terciário, devido à aceleração do crescimento industrial, é também apontado por Singer (1977, p. 124).

Essas mudanças econômicas se fizeram acompanhar pelo aumento intensivo do número de trabalhadores em condições de serem absorvidos pelo mercado e fornecidos, em grande parte, pelo movimento das migrações internas. Elas foram originadas por dois tipos de fatores:

> os fatores de "expulsão" e os de "atração". Os primeiros comportam dois aspectos que decorrem da introdução de relações de produção capitalista nessas áreas, a qual acarreta a expropriação dos camponeses, a expulsão dos agregados, parceiros e outros agricultores não-proprietários, tendo por objetivo o aumento da produtividade do trabalho e a conseqüente redução do nível de emprego; e os fatores de estagnação que "se manifestam sob a forma de uma crescente pressão populacional sobre uma disponibilidade de áreas cultiváveis que pode ser limitada tanto pela insuficiência física de terra aproveitável como pela monopolização de grande parte da mesma pelos grandes proprietários. (Idem, p. 38)

Os fatores de expulsão definem as áreas de onde partem os fluxos migratórios e os fatores de atração determinam a orientação desses fluxos e as áreas às quais se destinam. Dentre os últimos, o mais importante constituiu-se na demanda de força de trabalho não só industrial, mas também de serviços públicos, privados e autônomos. É preciso, também, levar em conta que o processo de urbanização aparece, ao mesmo tempo, como processo de mobilização de estoque de mão-de-obra disponível, na medida em que essa oferta intensa de trabalho não é absorvida na sua totalidade pelo mercado de empregos nos centros urbanos[4].

Foi na década de 50 que São Paulo tornou-se "a cidade que mais cresce no mundo". Sua taxa de crescimento geométrico anual foi de 5,6% e o crescimento populacional se estendeu, sobretudo, por outros municípios da Grande São Paulo. A população de 1960, resultado de crescimento notável nos anos 50, aumentou mais de duas vezes e meia até 1980.

Evolução da população residente

Em milhares de Habitantes				Taxa de Crescimento geométrico anual (%)	
	1960	1970	1980	1970-60	1980-70
SP município	3709	5905	8493	4,79	3,67
SP região metropolitana	4791	8140	12588	5,44	4,46

Fonte: Emplasa, Sumário de Dados Básicos da Grande São Paulo, 1982.

Os dados não significam que o município da Capital já tivesse esgotado sua capacidade de expansão demográfica. Um real esgotamento havia ocorrido nos distritos das zonas centrais da cidade e as tendências de crescimento estavam localizadas na periferia da capital e em determinados municípios da Região Metropolitana.

A sub-região Sudeste apresentou um incremento populacional que pode ser constatado em números reais na tabela que segue:

População residente, segundo os municípios da sub-região Sudeste: 1960 1970-1980.

Municípios	1960 [1]	1970 [2]	1980 [2]	Taxa geométrica de crescimento anual (%)	
				1970/60	1980/70
Santo André [*]	245.416	418.826	553.072	5,50	2,82
São B. Campo	82.411	201.662	425.602	9,36	7,76
S. Caetano do Sul	114.421	150.130	163.082	2,75	0,83
Mauá	28.924	101.700	205.740	13,40	7,30
Diadema	12.308	78.914	228.660	20,42	11,23
Ribeirão Pires	17.250	29.048	56.532	5,35	6,89
Rio Grande da Serra	3.955	8.397	20.093	7,82	9,12
Sub-região Sudeste	504.416	988.677	1.652.781	6,98	5,27

Fonte: FIBGE: sinopse do Censo Demográfico do Estado de São Paulo, 1970, 980, e estimativa EMPLASA.

(1) População recenseada
(2) População estimada
(*) O recenseamento de 50 coloca Santo André em 12º lugar em número de habitantes, superando 14 capitais de Estados. Santo André tinha, à época, 128.051 habitantes.

As correntes migratórias e o crescimento rápido da população transformaram a cidade de São Paulo e região, em poucos anos, em locais de habitação com carências urbanas, pois o desenvolvimento econômico não se fez acompanhar de uma infra-estrutura de serviços coletivos urbanos.

Os trabalhadores, procurando fugir dos aluguéis, vão se deslocando para (e produzindo) novas periferias mais distantes, menos equipadas e, portanto, mais acessíveis.

Movimentos associativos urbanos

O movimento associativo urbano não teve a mesma dimensão do movimento sindical. Isto estava de acordo com a tradição operária socialista de Santo André. O movimento associativo mais importante foi o das sociedades de amigos de bairro e, depois dele, mereceu destaque um segmento do movimento estudantil que se congregou na Associação dos Universitários de Santo André (AUSA).

Sociedades de Amigos de Bairros (SABs)

A partir de meados dos anos 40, observamos um adensamento nos loteamentos na região do ABC paulista e a explosão demográfica dos anos 50 foi responsável pela aceleração daquele processo. Mas, se a questão da habitação popular ainda admitia uma solução individual, outras exigências demandavam a ação direta do Estado, assim, água, luz, esgoto, escolas, policiamento, postos de saúde, transportes, sempre em falta.

Foi em torno da luta travada com o fim de obter melhorias necessárias e também de suprir, através de iniciativa e recursos próprios, algumas dessas deficiências, que se estruturaram as sociedades de amigos de bairro.

As SABs tiveram início em Santo André com a fundação da *Sociedade Amigos do Município de Santo André* (setembro de 1946), formada majoritariamente por profissionais liberais e políticos tradicionais[5]. Nas eleições de 1947, a esquerda, concorrendo sob a sigla do PST, além de forte apoio sindical, adotou como estratégia política a formação de *"Comitês Democráticos"*. Sua principal característica foi a luta por reivindicações ligadas aos bairros. Após as eleições alguns dos comitês transformaram-se em SABs ou constituíram outras através de alianças com outros grupos.

A partir dos anos 50, as SABs mostraram-se como canais de demandas junto ao sistema político já que o populismo estimulava, a seu modo, a participação popular. Passaram a se caracterizar como espaço de manipulação política por parte do poder público, principalmente como instrumentos de lutas autonomistas de bairros e distritos, sob a liderança de políticos tradicionais[6].

O golpe militar de 1964 marcou um segundo período na ação das SABs: num primeiro momento, a sua paralisação. Seguiu-se um período durante o qual o poder de barganha das SABs diminuiu, embora o seu número tenha aumentado.

A perda de representatividade das SABs tem como contrapartida o surgimento das *Comunidades Eclesiais de Base* (CEBs), no período que se segue a 1968. Foi a partir delas que se constituiu em Santo André, entre outros, o *Movimento de Defesa dos Favelados*, que segue com atuação significativa nos dias de hoje. Esses movimentos ligados à Igreja acabaram por adquirir maior legitimidade junto à população e ganharam estruturas mais amplas que possibilitaram formas de reivindicação que, por vezes, puderam alterar a lógica das relações de classe existentes[7].

A Associação dos Estudantes Universitários de Santo André (AUSA)

O ABC, uma das maiores concentrações industriais do Brasil e da América Latina, não tinha uma universidade. Os filhos das "boas famílias" que desejassem continuar os estudos, deveriam fazê-lo em outros centros: USP, PUC ou até mesmo outros estados[8].

O contigente que freqüentava cursos superiores era muito pequeno e distribuía-se por diferentes ramos de especialização: direito, engenharia, economia, medicina, filosofia, matemática. A AUSA não era, assim, um grêmio de uma categoria de estudantes universitários, sua finalidade inicial foi meramente social: realizar reuniões sociais, festinhas... um ponto de encontro de uma espécie de elite nova na cidade.

De 1953 a 1960, aproximadamente, a AUSA foi um movimento muito restrito e conservador. A situação mudou a partir de 60: o clima da sociedade era outro, o movimento estudantil, sobretudo através da UNE (União Nacional dos Estudantes) ganhou notoriedade e certo prestígio junto à classe estudantil. A AUSA passou a se reunir para palestras, cursos, debates com finalidades culturais. Daí por diante, entrou na fase que pode ser considerada como a mais comprometida com os acontecimentos políticos da cidade, aproximando-se das forças populares. Definiu-se como um grupo de "estudantes de esquerda" e contou, inclusive, com militantes do Partido Comunista.

Na fase "politizada", a AUSA começou a aparecer ao lado do Conselho Sindical[9] tomando posição contra o aumento do pão, das passagens de ônibus, das tarifas telefônicas e outros itens que faziam parte do Movimento Contra a Carestia. Também, ao lado do Conselho Sindical, protestou contra a aprovação da Lei de Diretrizes e Bases para a Educação Nacional (LDB). A associação contou com um jornal de divulgação e debates, o "Universitário". Após o golpe de 1964, a entidade sobreviveu ainda algum tempo mas, foi perdendo sua força até desaparecer.

Talvez, o que ajude a compreender o que foi a AUSA, no início dos anos 60, seja a existência de *"uma tendência, latente na conjuntura, no sentido de politizar o corriqueiro, de enriquecer o cotidiano, de dimensionar o restrito".*

Vieitez (1999, p. 146) por sua vez, considerou como fundamental, para a constituição da AUSA "politizada", a instalação local do CPC (Centro de Cultura Popular) do Sindicato dos Metalúrgicos de Santo André) que atraiu muitos estudantes do nível superior e secundaristas. Foi também através desse contato que o Partido Comunista passou a exercer influência na entidade.

O Centro Popular de Cultura (CPC) do Sindicato dos Metalúrgicos de Santo André

Enfrentando reservas e preconceitos, tanto da parte de operários como de membros do Partido Comunista em relação ao teatro e outras "coisas da burguesia", o CPC de Santo André foi a mais bem-sucedida experiência que contou com a participação efetiva de operários (maioria de trabalhadores metalúrgicos e de outras categorias). A composição se completava com elementos da classe média como estudantes, artistas, intelectuais, clérigos, profissionais liberais (médicos, dentistas, advogados).

É certo que o CPC de Santo André teve com os demais CPCs da UNE uma relação de inspiração, porém, sua ligação orgânica foi com o Sindicato dos Metalúrgicos. Embora o teatro[10] tenha sido a atividade central, outros cursos (formação política, cinema na AUSA, admissão ao ginásio, xadrez, balé, oratória), um coral e, por ocasião da interrupção de suas atividades, vivendo o seu apogeu, preparava-se para a realização de cursos de alfabetização de adultos pelo método Paulo Freire na periferia da cidade, em favelas e bairros operários.

O CPC de Santo André inspirou a criação de outros grupos no

gênero: um exemplo é o *Grupo de Teatro da Cidade* (GTC)[11].

O envolvimento do CPC na vida política de Santo André e demais cidades da região foi intenso (comícios, reivindicações, concentrações do dia 1º de maio, campanhas de candidatos a prefeitos e vereadores) além da participação enquanto animador cultural em outros sindicatos, clubes, igrejas e associações de moradores.

Quando os "soldados da revolução" invadiram o Sindicato dos Metalúrgicos em 1º de maio de 1964, buscavam não só as lideranças operárias mas, também, os integrantes de um tal "Clube do Partido Comunista", o que julgavam indicar a sigla CPC. Arquivos e documentos foram destruídos, em fogueira acesa na rua à frente do Sindicato; muitos cepecistas foram presos.

O CPC de Santo André lançou o problema da luta política também no plano da cultura assim como havia colocado como central a questão da realidade local e nacional.

Os anos 50 e 60 são marcados, assim, por intensa transformação da paisagem urbana de Santo André[12] e do ABC paulista, bem como de manifestações significativas de setores da população organizados nas SABs, nos sindicatos, CPC, AUSA e Igreja.

A cidade foi deixando os seu ares de província e exibindo os de uma cidade moderna: viadutos, avenidas, vias de penetração nos bairros, todas asfaltadas; planejamento do serviço de escoamento de águas pluviais na região da Estação Ferroviária[13]; Hospital Municipal reformado e equipado; criação de Comarca (1953), Biblioteca Municipal, grupos escolares, ginásios (prédios foram construídos e doados ao Estado), o imponente conjunto arquitetônico do Paço Municipal (teatro, sede da municipalidade, biblioteca). Nas áreas mais afastadas do centro, o surgimento e crescimento acelerado das favelas.

Capítulo II – A EMERGÊNCIA DA FACULDADE MUNICIPAL DE FILOSOFIA, CIÊNCIAS E LETRAS DE SANTO ANDRÉ: UMA "USPINHA"

> Santo André mudou muito recentemente, cresceu, inchou. Hoje temos um grande jornal diário, há o Teatro Municipal e duas universidades. Mas a cidade sempre esteve à sombra de São Paulo, inclusive pela proximidade, e nunca pode se desenvolver no terreno da cultura. (...) Se as minhas filhas podem estudar na USP ou na PUC, porque haverão de ficar aqui?[1]

O ABC paulista, uma das maiores concentrações industriais da América Latina, não contava com uma universidade. É verdade que no ano de 1954, o prefeito Zampol instalara a Faculdade de Ciências Econômicas de Santo André, uma instituição de ensino superior pública e gratuita, cujo aparecimento não alterou significativamente o quadro da participação estudantil e da vida cultural na cidade. O traço marcante da Faculdade foi a ausência de pesquisa científica e de uma vida acadêmica estruturada: seu objetivo era formar *intelectuais* capazes de lidar com as técnicas que as empresas nacionais e estrangeiras importavam. O contigente formado era diminuto, o curso era noturno e em regime de tempo parcial. A Faculdade foi instalada, inicialmente, na Escola Técnica Estadual "Júlio de Mesquita" e depois transferida para um conjunto de barracões construídos quando da realização dos festejos do IV Centenário de Santo André, cuja agenda contemplou, também, a Feira Industrial e Comercial, vitrine da pujança do desenvolvimento industrial do Município[2].

As questões que ganharam centralidade nos debates sobre ensino superior e a sociedade brasileira nos anos 50/60 passaram ao largo daquela Instituição.

O ensino superior: anos 50/60

Ao longo dos anos 50/60, o ensino superior no país sofreu a influência das duas ideologias que se constituíram na base dos governos sucessivos até 1964 e condicionaram a forma como aquela modalidade de ensino se desenvolveu no período.

Sob o impacto do *populismo*, o ensino superior passou pelo primeiro surto de expansão.

O número de universidades existentes cresceu, segundo Cunha (1983), de cinco, em 1945, para 37, em 1964. No mesmo período, as instituições isoladas aumentaram de 293 para 564.

A gênese das universidades foi a agregação de escolas profissionalizantes (caso das Católicas, por exemplo), porém, a maioria era constituída por universidades federais, fruto de processos de *federalização* de faculdades particulares ou estaduais.

Quanto ao número de estudantes matriculados, a taxa de crescimento no período foi de 236,7%, bastante intenso em comparação com períodos anteriores (2,4%, taxa média anual, entre 1932 e 1945, e 12,5%, entre 1945 e 1964).

Luiz Antonio Cunha, na obra citada, credita essa expansão ao aumento da demanda condicionado pelo deslocamento dos canais de ascensão social das camadas médias da população e pela própria ampliação do ensino médio público. A ser levado em conta, ainda, a ampliação no funil do ingresso na universidade, decorrente do processo de equivalência dos cursos secundários, iniciado nos anos 50 e concluído quando da Lei de Diretrizes e Bases de 1961[3].

Outro fator de influência é a colocação em discussão do paradigma de ensino superior até então vigente, sob a ação do *desenvolvimentismo* estimulando as propostas de modernização deste nível de ensino, a fim de adequá-lo às necessidades de desenvolvimento econômico e social do país[4].

Da parte dos estudantes, os anos 60 assistiram a uma crescente radicalização das lutas sobre a reforma da universidade, articulada à mobilização popular em torno das reformas de base: reformas sociais e políticas que permitissem redirecionar o processo de desenvolvimento nacional. *Os Seminários Nacionais* promovidos pela UNE resultaram em propostas concretas: extinção das cátedras vitalícias; adoção do regime departamental e do tempo integral para os professores; melhoria salarial e das condições de trabalho; criação de um sistema eficiente de assistência ao estudante; reorganização dos currículos e programas, visando adequá-los ao "pleno conhecimento da realidade nacional e do seu sentido histórico"; bem como a introdução dos cursos técnicos das ciências humanas e sociais. Quanto ao governo da universidade, uma ampla autonomia, tanto administrativa como didática, a ser exercida com intensa participação de estudantes, professores e também de entidades profissionais (POERNER, 1968).

Autoritarismo e universidade

Ao golpe de 64, seguiu-se a reestruturação das bases do poder político na sociedade brasileira. Partidos políticos, sindicatos, associações ligadas com o populismo tiveram suas atividades cerceadas e passaram a ser reprimidos de forma violenta. A UNE foi extinta (Lei Suplicy) e instituído o Diretório Nacional dos Estudantes (DNE), eliminando os Centros Acadêmicos e criando os Diretórios Acadêmicos, sob o controle direto das direções das universidades a quem deveriam apresentar contas, programas e as atividades culturais.

A ingerência no ensino superior, em todo o país, culminou com a assinatura dos acordos com a USAID.

Para Cunha, o processo de modernização da universidade já se iniciara antes de 64 e, quando os acordos foram integrados, aquele processo já era objetivo aceito por diversas correntes de opinião, de esquerda e de direita (CUNHA, 1983, pp. 204-205).

Anísio Teixeira, na sua análise dos decretos-lei de 1966 e 1967 (e que prenunciavam as medidas propostas na Reforma de 68) manifestou claramente o seu descrédito com relação às mudanças anunciadas. Para ele, a situação, no momento, era inteiramente outra e a reforma proposta não se fazia *"de dentro da universidade, pelo debate e resultante consenso do magistério, mas por atos legislativos a princípio permissivos e depois coercitivos que impuseram a reestruturação dentro das grandes linhas do modelo da Universidade de Brasília".* (TEIXEIRA, 1989, p. 125)

Contudo, após o golpe de 64, permaneceu a insatisfação dos alunos com a estrutura universitária e dois dos problemas que mobilizaram os alunos, levaram o Estado a elaborar projetos e planos para o ensino superior: a incapacidade do sistema universitário em atender a demanda por vagas por parte dos alunos aprovados nos vestibulares (os excedentes), e a pressão existente dentro das universidades para a reestruturação dos cursos, currículos e formas de participação de estudantes e professores na gestão da universidade.

A pressão por vagas no ensino superior estava também relacionada com o processo de concentração da propriedade e da renda em curso na sociedade brasileira já na década de 50 e acentuada com a política econômica adotada a partir de 1964. A possibilidade de ascensão social é reorientada para a promoção nas ocupações burocráticas ou técnicas das empresas públicas ou privadas. Esta pressão se fez sobre o ensino superior público porque ele era na época o maior responsável pela manutenção do ensino em relação ao setor privado, conforme os dados da tabela que segue:

Entidade mantenedora das Escolas Superiores no Brasil
1956-1965

Ano	Pública %	Privada %
1956	51	49
1957	52	48
1958	56	44
1959	56	44
1960	56	44
1961	57	43
1962	60	40
1963	62	38
1964	61	39
1965	57	43

Fonte: Ministério do Planejamento e Coordenação Econômica, EPEA, In *"Educação e Dependência"*, Manfredo Berger. Porto Alegre: Difel, 1976, p. 189, apud Martins (1981, p. 59).

A política econômica pós-64 não oferecia restrições à participação da iniciativa privada na vida econômica do país, muito pelo contrário. A privatização do ensino superior estava, portanto, dentro da lógica de regime, além de desafogar o orçamento público, e a iniciativa privada, que começava a entrar em crise no ensino de 2º grau, passou a ser incentivada pelo governo federal a se dedicar ao novo negócio. Foi assim que, sem investimento, o Estado conseguiu "democratizar o ensino superior", deixando que a iniciativa privada se encarregasse da sua expansão, processo que viveu sua fase áurea no período 1967-1973.

É preciso assinalar que, nesta ampliação, o Estado deteve a hegemonia das áreas de conhecimento consideradas "nobres" (entre elas: Ciências Biológicas e Saúde, Exatas e Agrárias), ficando para as instituições particulares, as áreas de Humanas e Letras.

Constituíram-se assim duas redes de ensino: as instituições públicas que habilitaram-se como *centros de excelência acadêmica*, mesmo que implantando, precariamente, parte das recomendações da Reforma Universitária, a saber: tempo integral ou parcial para os professores, departamentalização, a pesquisa aliada ao ensino e a pós-graduação. A considerar também, as perseguições políticas a professores e pesquisadores, a vigilância dos órgãos de segurança, a escassez de verbas e a burocratização do cotidiano acadêmico.

As instituições particulares, na sua grande maioria, organizadas em função do lucro, implantaram "artificialmente" algumas das recomendações da reforma: sistema de créditos, departamentalização e matrícula por disciplina.

As duas redes atendiam a públicos diferentes: as públicas, a um público potencialmente produtor de conhecimento, e as particulares, a potenciais reprodutores de conhecimento. Porém, toda a prática das últimas estava referida ao modo de ser e à organização das primeiras, encontrando, contudo, esta prática imitativa, os seus limites (e contradições) na realidade concreta das próprias instituições privadas.

É nesse contexto que analisamos o surgimento, em meados dos anos 60, da Faculdade de Filosofia, Ciências e Letras de Santo André e a constituição da Fundação Santo André.

Uma "uspinha" em Santo André

No ano de 62, a Câmara Municipal de Santo André aprovou a Lei nº 1840, autorizando o prefeito municipal, José Silveira Sampaio, a instituir uma fundação, denominada *"Fundação Santo André", uma entidade autônoma, tendo por finalidade "manter a Faculdade Municipal de Ciências Econômicas e Administrativas de Santo André. A Fundação, que poderá se integrar em Universidade, colaborará mediante convênio, com entidades públicas e privadas, no sentido de promover o aperfeiçoamento científico, cultural e social".* Poderá também *"criar e manter outros estabelecimentos de ensino superior, desde que venha a dispor de recursos necessários e suficientes para esta finalidade"* e, ainda, *"fornecer recursos para a realização de pesquisas científicas e promover a sua divulgação.* (Artigo 3º).

Um Conselho de Curadores foi composto por sete membros: dois indicados pelo prefeito municipal (necessariamente um advogado e um economista); pela Câmara Municipal (um membro); pela Congregação da Faculdade de Economia, dentre os membros do corpo docente (um membro); um representante do corpo discente, indicado pelo seu órgão representativo; um representante dos ex-alunos e um membro indicado pela Associação Comercial e Industrial de Santo André (obrigatoriamente, portador de diploma de curso superior)[5].

O artigo 17 estabelecia a gratuidade do ensino e o artigo 18 estipulava que, anualmente, seria consignado no orçamento municipal, em favor da Fundação, dotação que atendesse às necessidades de seus serviços e planos de trabalho, não podendo ser a dotação de cada exercício inferior à do exercício anterior[6].

A Fundação Santo André definiu a sua natureza jurídica como "instituição de direito privado", ainda que criada e subvencionada pelo poder público municipal e sem fins lucrativos.

A definição da natureza desta Instituição ocupou, ao longo das décadas de 60 a 90, lugar de centralidade nos embates entre comunidade acadêmica *versus* poder público municipal *versus* alguns setores da comunidade local, estes defensores do ensino privado.

Quais as justificativas para a criação de uma Faculdade de Filosofia, Ciências e Letras em Santo André?

De acordo com informações colhidas através de depoimentos, o projeto de fundar um novo estabelecimento de ensino partiu de alguns professores ligados ao ensino público estadual e sediados no Instituto de Educação "Américo Brasiliense", escola pública de maior prestígio na região. A liderança do projeto coube ao professor Nelson Zanotti[7], mentor e primeiro diretor da já citada Faculdade de Economia e que logrou êxito na sua empreitada de convencimento do prefeito municipal, Fioravante Zampol, então em seu segundo mandato.

O prefeito Zampol já ganhara a imagem de prefeito empreendedor pelas realizações quando do seu primeiro mandato, especialmente no campo da cultura[8], da educação e da instrução públicas.

A segunda gestão Zampol foi marcada por significativos investimentos em infra-estrutura mas, o prefeito foi *"picado pela mosca azul diante da idéia de construir mais uma escola, agora uma faculdade de filosofia, ciências e letras – um idealista"*.

O projeto não foi à frente sem que resistências se fizessem presentes: membros de "boas famílias", cujos filhos estudavam em universidades e institutos superiores isolados na Capital e mesmo em outros Estados levaram à Câmara Municipal suas reivindicações na voz de alguns vereadores: por que não oferecer bolsas de estudos para aqueles alunos que estudavam fora? Outros questionaram a opção por uma faculdade de filosofia e não outra mais adequada à formação de profissionais para as indústrias da região.

As dificuldades foram superadas e a Câmara Municipal aprovou o Projeto[9]

As justificativas para o empreendimento estão descritas no Parecer n. 987/65 da Câmara de Ensino Superior (CFE/CESu), presidida por Almeida Júnior, tendo Maurício Rocha e Silva como relator e composta ainda por Josué Montello, Dumerval Trigueiro, Valnir Chagas, Anísio Teixeira e Roberto Figueira Santos. Consideramos importante transcrever, aqui, trechos daquele Parecer:

> Embora a proximidade da Capital do Estado poderia reforçar o argumento da existência de Faculdade congênere de primeira categoria ao alcance dos habitantes de Santo André, justifica se a pretensão da Municipalidade de Santo André, e de sua Fundação em possuir mais um estabelecimento de ensino superior, pela densidade da população do Município e a sua elevada população escolar (...) Santo André transformou-se em pungente centro de desenvolvimento industrial (...) com uma população de 200.000 trabalhadores em todas as categorias de organização industrial. Pode-se avaliar que entre tais empregados e seus descendentes se encontre número apreciável de indivíduos qualificados para prosseguirem em carreiras de nível superior[10].

Os membros do CESu não deixaram, também, de considerar que *"os cursos oferecidos, de línguas vernáculas, ciências sociais, pedagogia e matemática estão longe de satisfazer as aspirações técnicas e culturais da população"*, ressalvando porém que *"a Faculdade, na sua presente estruturação, é apresentada como uma primeira etapa"*.

Em verdade, os idealizadores da Faculdade de Filosofia tinham como meta a criação de uma universidade em Santo André e a ela se referem em todos os atos oficiais de instalação e nas ações e documentos deles decorrentes. Já se delineava no ABC uma nova visão para o enfoque dos problemas e questões gerados pelo intenso processo de urbanização e industrialização: uma *visão regional*. A questão do ensino superior aí se inscreve.

O modelo que inspirou os mentores da Faculdade Municipal de Filosofia, Ciências e Letras de Santo André foi a Universidade de São Paulo (USP), não fossem eles, com raras exceções, oriundos dela. Seu idealizador primeiro e a quem coube a tarefa delegada pelo prefeito Zampol de dirigi-la nos seus primeiros anos de funcionamento, o professor Zanotti, se refere, com evidente entusiasmo aos anos que freqüentou a Faculdade de Filosofia, *"na velha e gloriosa USP, aluno de F. Braudel e outros mestres estrangeiros"* e do envolvimento próprio, do prefeito Zampol e colaboradores diretos *"em estabelecer em Santo André um espaço comprometido, também com a cultura integral, não se limitando à formação de professores e professores especialistas "*[11].

Zanotti ressalta, porém, que o projeto apresentava singularidades: a Seção de Matemática comportava uma subdivisão – Matemática aplicada à Indústria[12], situada no plano intermediário entre a Matemática Pura e a Matemática Pedagógica, a fim de atender a carência de técnicos em matemática para o campo industrial; na Seção de Letras foram introduzidas as disciplinas Cultura Brasileira e História da Arte e Estética, bem como a obrigatoriedade de dois idiomas, Francês e Inglês. Na Seção de Ciências Sociais, uma disciplina inovadora "Problemas Brasileiros" (com explícito conteúdo ideológico, disciplina de igual denominação foi tornada obrigatória para todos os cursos superiores por força de decreto do regime autoritário).

Mereceu destaque, também, a iniciativa ousada de instalação de um Centro de Processamento de Dados, denominado à época, "Armando Salles de Oliveira", destinado não só a fins didáticos, como à pesquisa e prestação de serviços.

A primeira instituição a contar com um centro dessa natureza foi a PUC/RJ, seguida da Fundação Santo André, e depois USP.

Onde e como recrutar os titulares para a "uspinha"?

Seu diretor recebeu "carta branca" do Executivo Municipal para a tarefa, aliada a uma proposta de salários estimulante: uma remuneração mínima mensal igual ao salário mínimo mensal atribuído aos médicos por lei federal; *"a remuneração devida por aula, será equivalente a 3 (três vezes) o salário mínimo comum diário vigente nesta sub-região"*. (Artigo 42 e § 1º dos Estatutos da Fundação Santo André).

Foi possível compor um corpo docente altamente capacitado: ao conjunto de professores vindo da USP se juntaram os do Instituto de Educação "Américo Brasiliense" (escola secundária modelar à época e que já mereceu uma citação de José Souza Martins registrada neste trabalho.) Os professores secundários eram, na sua imensa maioria, egressos dos cursos superiores da USP.

Até 1968, as Faculdades e o Centro de Processamento funcionaram, provisoriamente, num único prédio, junto às dependências da Prefeitura Municipal. A partir de 1969 todas as instalações se transferiram para os prédios do conjunto arquitetônico, especialmente construído para esse fim pela Prefeitura de Santo André, no antigo Sítio Tangará. Um texto que trata do processo da ocupação da área compõe um apêndice a este trabalho.

De maneira semelhante ao ocorrido no restante do País, houve, na prática, desde a criação da Faculdade de Filosofia, Ciências e Letras, o predomínio dos interesses utilitários. O Manual de Divulgação dos Vestibulares/1971, ao apresentar os diferentes cursos, enfatizava as escolas de 1º e 2º graus e o ensino superior como mercado privilegiado de trabalho, seguido das atividades industriais para os licenciados em Ciências Sociais e Matemática. Apontava ainda dados da crescente expansão daqueles níveis de ensino além dos salários praticados nos estabelecimentos públicos e privados.

A pesquisa, anunciada no projeto inicial e sempre desejada, foi quase inexistente ao longo da história da Faculdade. Falta de recursos e apoio institucional, falta de uma formação adequada do corpo docente e o regime de trabalho caracterizado pela "hora/aula", inviabilizaram a realização da atividade científica .

Assim, a Faculdade de Filosofia foi se afastando do seu *protótipo* e hoje o sentimento manifesto por alguns dos professores fundadores que lá permanecem é o de um saudosismo por aquilo que "poderia ter sido mas não foi". A "uspinha" viu passar os anos como uma escola reprodutora de conhecimento, diferenciada, é verdade, das escolas privadas que surgiram na mesma época e que se moldaram como indústrias culturais[13].

A sua trajetória diferenciada se deveu, em grande parte, às ações de um conjunto significativo de alunos e professores, e à solidariedade de setores organizados e compromissados com a defesa da escola pública (sindicatos, associações, partidos políticos progressistas) que, nos embates com as forças conservadoras e/ou defensoras da privatização do público (também presentes no interior da própria Faculdade) e com os governos municipais insensíveis ou àquelas aliados, posicionaram-se firmemente em defesa: da manutenção da natureza pública da Instituição, sua autonomia didática e administrativa, suas possibilidades de acesso aos menos favorecidos e da qualidade de ensino por ela oferecido.

Enfim, uma história que está para ser desvendada e que merece um projeto de investigação específico.

Logo no início do seu funcionamento, a "uspinha" viu aflorarem as dificuldades postas pela realidade concreta: não era mais uma escola de ensino superior gratuita, como na proposta de seus idealizadores, e as autoridades federais que analisavam o seu pedido de autorização se posicionaram:

> A Fundação já mantém a Faculdade Municipal de Ciências Econômicas e Administrativas de Santo André. De acordo com o relatório da verificadora Nair Fortes Abu-Merry, a designação de Municipal dada aos estabelecimento mantidos (...) é de todo imprópria, porque não são estabelecimentos municipais, "mas subvencionados pelo Município", situação que a coloca na jurisdição do Conselho Federal de Educação, como estabelecimento de ensino mantido por instituição de direito privado. (Parecer nº 987/65. CFE).

A questão da *dubiedade da natureza* da Instituição acompanhou a sua trajetória. Pública ou privada? A utilização de uma ou outra definição foi sendo feita, segundo critérios de escolha muito particulares e instrumentalizados por grupos no interior da Instituição e fora dela; no âmbito do poder público municipal, dos grupos defensores do ensino privado; quando da disputa das verbas orçamentarias com outros níveis do ensino municipal[14].

Instituída a cobrança de mensalidades, o Conselho de Curadores aprovou o Regulamento Financeiro para 1966, que entre outras disposições, impedia a matrícula *se o interessado, pai ou responsável, tiver algum débito com a Instituição; ao aluno em atraso com o pagamento negava o direito a provas, aulas, exames, revisão de provas e exercícios e alertava ainda que a matrícula neste ano não implica na obrigatoriedade, de parte a parte, em sua renovação no próximo ano.*

Em correspondência dirigida ao diretor da FAFIL, o Secretário Contador comunicava a deliberação do Conselho de Curadores em reunião de 9 de novembro do ano corrente que a partir daquela data *nenhum* pedido de bolsa de estudo ou de parcelamento *ou adiantamento de pagamento de anuidades seria objeto de deliberação, sob quaisquer pretextos.*

O controle do pagamento das mensalidades passou a ser objeto de reiteradas correspondências enviadas à Direção da Faculdade, acompanhadas das listagens nominais dos alunos devedores e respectivos débitos, *para as providências oportunas e cabíveis*[15]. Os atrasos no pagamento das mensalidades configuravam uma situação de extrema gravidade, na avaliação do presidente da FSA, Lamouche Barbosa:

> ... prevista essa arrecadação (mensalidades) como ponderável parcela da receita do nosso orçamento, indispensável se torna que ela se verifique nos prazos estabelecidos (...) Não é menos verdade que a Fundação não dispõe, para o eficiente desenvolvimento dos cursos ministrados em suas Faculdades, de equipamento que pode ser considerado indispensável (...) sem nos referirmos a necessidade premente de dotarmos a nossa Biblioteca de obras de consulta obrigatória, das quais, penoso é afirmá-lo, quase não dispomos, o que constitui falta gritante, que devemos corrigir sem mais delongas. (Ofício FSA nº 96/66)

O presidente encerra as suas ponderações, contando com a colaboração do diretor da FAFIL para a solução do problema do atraso nos pagamentos das mensalidades porque *só assim, com a conjugação de esforços alcançaremos a finalidade que nos traçamos, de dotar o nosso Município de um conjunto de escolas de nível superior altamente categorizadas.*

Ainda que praticando mensalidades menores que as instituições superiores privadas tradicionais, a Fundação Santo André não mais oferecia cursos gratuitos aos seus alunos trabalhadores. Um investimento inicial vultoso fora feito pelo poder público municipal para a instalação das faculdades mas, o seu funcionamento já se mostrava dependente, logo nos primeiros tempos, do pagamento das anuidades. A participação cada vez mais significativa dos alunos na composição do orçamento foi tendo como contrapartida a retirada progressiva do poder público municipal dos seus encargos, mas não do seu poder de mando na Entidade Mantenedora.

Capítulo III – A INSTITUIÇÃO DO DEPARTAMENTO DE EDUCAÇÃO – A CONSTITUIÇÃO DE UM COLETIVO

> O destino histórico de uma instituição educativa se organiza nas tentativas continuadas para converter em "estratégia" a multiplicidade de "táticas" que povoam e dão razão de ser à ação dos atores.
>
> *Michel de Certeau*

O Departamento de Educação da FAFIL, enquanto *a menor fração da estrutura universitária*[1], só se instalou a partir de 1972. Os primeiros tempos de funcionamento da Seção de Pedagogia revelaram um pequeno grupo de mestres catedráticos que se dividiam, alguns deles, com as aulas dadas também na Seção de Ciências Sociais. Não é por outro motivo que o diretor da FAFIL decidiu pela instalação de um único departamento: o de Ciências Humanas[2]. Aparentemente, foram tempos dedicados à estruturação administrativa da Faculdade e dos Cursos, sempre tendo no horizonte a concretização de um intento: a instalação de uma universidade em Santo André.

Uma tendência vai se delineando neste primeiro período – a da *burocratização* –, não há discussão sobre as questões surgidas no âmbito do Departamento, a saber: implantação de alguns dispositivos da reforma universitária (cursos semestrais, sistema de créditos, departamentalização); reivindicações dos alunos para que adequações curriculares fossem realizadas; pressão forte por parte dos alunos egressos da primeira turma (1969), impossibilitados de se diplomarem porque a Faculdade não havia obtido, ainda, o seu reconhecimento junto ao MEC. Um caso[3], no âmbito do Departamento, é exemplar da situação descrita e do tratamento burocrático dado a ela:

A Profa. Maria Helena (Steiner) pronunciou se, dizendo que deve-se ter uma orientação filosófica e educacional a respeito do curso semestral e esquecer problemas de ordem pessoal. Tal atitude foi aceita pela Profa-Chefe Zilda Augusto Anselmo que esclareceu que todos os conflitos serão estudados durante este ano a fim de serem totalmente sanados. A Profª-Chefe sugeriu que as sugestões fossem encaminhadas por escrito.

Foi constatado que a discussão de todos os conflitos, remetida para o decorrer do ano, não se verificou nos registros das atas posteriores.

Ano de 1972, enfim, uma crise no Departamento!

Os mestres catedráticos, que até então haviam conduzido suas atividades sob o manto tranqüilizador da burocracia, viram-se diante de uma crise profunda no curso de Pedagogia: queda brutal no número de alunos, fechamento da turma do período diurno e conseqüente diminuição do número de aulas (e do salário) dos professores. Para vários professores do Departamento, o esvaziamento do curso, numa primeira análise, teria sido motivado pela realização tardia do vestibular e a falta de maior divulgação.

Num segundo momento, a avaliação feita atribui à *não-regulamentação da Reforma Universitária a saturação do mercado de trabalho para o pedagogo, situação certamente sanada e, portanto, indicadora de grandes melhoras para 1975, quando estiver em pleno vigor a Reforma do Ensino*[4].

Os mestres não levaram em conta o contexto mais geral do ensino superior do país à época: este é o momento da grande expansão das instituições de ensino superior privadas e, na região, assistimos à instalação de cinco novos cursos de Pedagogia, com a duração de três anos[5] e alguns deles com um regime de freqüência que ficou conhecido como o *do fim de semana e na modalidade complementação pedagógica*.

As nossas incursões aos arquivos da Faculdade nos revelaram a existência de um minucioso documento (Ofício FSA n. 363/70) através do qual o presidente da Mantenedora, Dr. Lauro de Abreu, desenha com traços fortes a situação:

> Basicamente, as classes estão instaladas com 50 lugares cada uma. Esta distribuição é provadamente deficitária [...] recentes pesquisas demonstram que o ponto de equilíbrio Receita/Despesa é alcançado quando a lotação de uma classe é de, no mínimo 70 alunos, em todas as séries. Se se considerar as evasões normais, na primeira série, devem ser matriculados maior número de alunos. No próximo exercício, para atingir esse equilíbrio, seriam necessárias classes com 86 alunos, considerando-se as anuidades de Cr$ 900,00, congelando-se os salários do corpo docente e eliminando-se totalmente quaisquer despesas com Professores Assistentes.

O presidente se refere ainda à possibilidade de anuidades de Cr$ 1.320,00 (iguais às demais Faculdades), permitindo classes de 59 alunos, porém mantendo o congelamento de salários do corpo docente e eliminando gastos com os assistentes. Lembrando que *as anuidades, em caráter ordinário, não podem ser igualadas às demais Faculdades, em face da orientação vigente – majoração até o índice do custo de vida, acrescido de 10%,* o presidente informa:

> O estabelecimento que atingir os objetivos aqui preconizados fará jus ao benefício do reajuste salarial. Ocorrendo apenas em um dos estabele-

> cimentos, o pessoal da administração central e da própria Faculdade terá o seu benefício proporcionalmente. A Administração deseja o pronunciamento dessa Faculdade, até 30 dias antes do início do próximo ano letivo.

Tratava-se, portanto, de uma crise anunciada – a Administração Central iniciara um processo de aproximação com as regras do "mercado" (abordadas no capítulo I). Mais evidências para essa conclusão fomos encontrar analisando as considerações que os Curadores representantes do prefeito municipal apresentaram quando da discussão da matéria no âmbito do Conselho de Curadores[6].

> O curador Zoilo de Souza Assis ressaltou que a preocupação com a auto-suficiência era da Comissão em nome da qual se manifestava, por que entendia não encontrar justificativas nem estava a Fundação Santo André em condições de propor o funcionamento de cursos deficitários, realçando que também o Governo Municipal, instituidor desta entidade, se encontrava exaurido em suas finanças e não poderia atender a um eventual aumento das subvenções que destina à Fundação [...] era sua opinião que a Fundação já a partir de 1971 devesse exercer duplo esforço [...] reduzir, ao máximo seus custos e reajustar os valores das anuidades a níveis compatíveis com o mercado.

Como reagiram os professores do Departamento diante das decisões da Mantenedora? No início, indignados com o teor do Ofício FSA nº 363, em seguida, aliviados quando informados pelo professor-chefe Petrônio de Mattos Coutinho, que comparecera ao Conselho de Curadores assessorado pelo professor Pedro Tuccori (Economia da Educação) para discutir o assunto: *o expediente da Presidência não deve ser interpretado como imposição. O Conselho de Curadores decidiu nomear uma comissão composta dos diretores das Faculdades mais o conselheiro Zoilo para estudarem restrição de despesas e aumento de receita.*

O Departamento de Educação seguiu na sua prática, apontando as seguintes soluções para enfrentamento da crise: unificação dos vestibulares e abertura de novas frentes de trabalho (Pós-graduação e Cursos de especialização), medidas estas, destinadas a evitar que os professores perdessem aulas.

Foi o mesmo objetivo – evitar a perda de aulas – o obstáculo para a adoção do regime semestral no curso, ficando decidida a continuidade do Regime Antigo, mesmo porque o *decreto Presidencial do Reconhecimento não foi assinado, implicando na imediata modificação do currículo*[7].

Ao longo dos anos de 72, 73 e 74 ficaram registradas várias tentativas de solucionar o problema da falta de alunos através da racionalização dos vestibulares e da introdução de uma disciplina com conteúdo marcadamente voltado para o Estado Ditatorial existente à época. A manifestação do presidente da COPEVE, professor Carlos Galante, em reunião do Departamento em 30/12/72 é objetiva e direta:

> (O presidente da COPEVE)... enfatizou ainda as ações e o espaço da Comissão que substituiu o exame de Matemática que afugentava os candidatos, pelo de Educação Moral e Cívica – para a área de Ciências Humanas (Pedagogia e Ciências Sociais) e Letras.

É preciso lembrar que a Reforma Universitária foi imposta de maneira autoritária e limitou-se a um processo de racionalização de recursos, na forma de uma modernização conservadora. O fato de os departamentos não possuírem autonomia financeira, e, sequer, estrutura para a pesquisa, resultava em que eles fossem um espaço "mínimo" de decisões. A falta de autonomia limitava a atuação, competindo às chefias e aos colegiados apenas distribuir tarefas rotineiras.

No caso da Fundação Santo André, a situação descrita foi evidenciada pela leitura das Atas e Expedientes. A relação com o Conselho de Curadores demonstra a supremacia deste último sobre os Departamentos das Unidades, na medida em que é a instância que detém o poder de decisão sobre matéria e questões de natureza financeira.

São também inúmeras as evidências de que mesmo as questões situadas no campo mais estritamente pedagógico recebiam tratamento eminentemente burocrático. As divergências não eram explicitadas no interior do Departamento. Em reunião do colegiado de 26 de fevereiro de 1973, coube ao professor Teófilo de Queiroz Junior apresentar o relatório de comissão nomeada para tratar da problemática do curso de Pedagogia perante a FSA. O documento resultante dos trabalhos enfatiza que uma série de etapas fora vencida. *Assim, a criação e instalação da Instituição no Núcleo Universitário, o Reconhecimento da FAFIL e, era chegada a hora de definição dos rumos pedagógicos, curriculares e outros mais, a fim de que seja alcançado o estágio de plena maturidade, conforme as expectativas da comunidade, o que requer um entrosamento mais efetivo entre Administração e docência.*

O corpo docente manifesta as suas preocupações que podem ser resumidas nos seguintes itens: instalação de novos cursos; ampliação dos cursos de Pós-graduação; instalação de centros de treinamento; manutenção de cursos transitoriamente deficitários; instauração de um regime efetivo de pesquisas; fundação de uma revista de tiragem regular. Informam ainda os professores:

> O corpo docente pode oferecer ao Conselho de Curadores os subsídios que lhe forem solicitados, sem ônus para a Instituição [...] e se considera disposto a oferecer a sua colaboração a tudo quanto lhe seja solicitado através de Vossa Senhoria.

Surgiu, contudo um outro documento da autoria do Professor José de Arruda Penteado, nos seguintes termos:

> Os professores consideram indispensável a manifestação de uma política financeira de manutenção dos atuais cursos superiores. A prevalecer os critérios de economia e restrição, não haverá perspectividade de continuidade e expansão, gerando intranqüilidade administrativa e dificuldades insanáveis na criação de uma autêntica tradição de ensino e pesquisa e de responsabilidade universitária. Os professores de Educação consideram, pois, nefasta para o bom nome e imagem do sistema universitário, a supressão de cursos autorizados e reconhecidos pelo Colendo Conselho Federal de Educação[8].

O referido documento faz ainda um apelo à Mantenedora que recebe auxílio financeiro do Município de Santo André para que *leve em consideração que é dever do poder público prestigiar e manter aquelas iniciativas educacionais de alto nível, onde a iniciativa privada ainda não encontrou campo de investimento e interesse cultural.*

Um impasse se instalou: qual dos dois documentos seria encaminhado à Entidade Mantenedora? Amparado pela prática corrente no Departamento, o Professor Teófilo propôs que *os documentos fossem reestudados, para que se englobe num só documento as duas idéias, para que não fossem levados os dois à Congregação, levando a crer ter o Departamento idéias divergentes.* A proposta foi aceita por unanimidade pelos demais professores.

O caráter burocrático que vão assumindo as práticas de professores do Departamento de Educação, diante do desenho que vai se delineando nas ações da Administração, escancaram as contradições que a própria "uspinha" vai apresentando no seu processo de constituição: uma faculdade de filosofia pública, agora não mais gratuita, que aspira a tornar-se uma universidade nos moldes do seu protótipo, mas vê o poder público local (que financiara o projeto inicial com entusiasmo e somas grandiosas) afastar-se pouco a pouco da sua tarefa de provedor.

Nenhuma palavra, no interior do Departamento de Educação, sobre a possibilidade/ou não da continuidade de oferta de curso de qualidade e permanência na Instituição para jovens e adultos trabalhadores, filhos das famílias operárias da região, que pela primeira vez, viam um de seus membros chegar ao ensino superior.

São justamente esses alunos-trabalhadores que vamos encontrar mais adiante, *denunciando as arbitrariedades da força policial que os impediu de realizar assembléias para discutir problemas internos, nível de ensino, salário dos professores e o preço abusivo das taxas de serviço*[9].

A busca de um perfil mais claro para o curso de Pedagogia

Uma nova tendência começa a se delinear ao longo de 1975, assumindo contornos mais nítidos em 1976: a preocupação com a *qualidade de ensino* surge como questão explicitada no âmbito do Departamento. O pólo gerador dos debates é a reivindicação feita pelos alunos para o retorno a um curso com duração de três anos.

Permanecer com um curso com a duração de quatro anos assume um significado que está para além do aspecto temporal, invadindo o âmbito da qualidade de ensino. Esta é a primeira vez que essa questão é assim abordada:

> Para fazer frente à concorrência na disputa de clientela são adotados certos expedientes de facilitação de freqüência e de atribuição de notas, bem como de redução dos cursos – medidas, todas essas que não encontram acolhimento da parte da Faculdade de Filosofia, Ciências e Letras da Fundação Santo André, mais preocupada com a qualidade de ensino que aí é ministrado. Diante do exposto, chamo a atenção dos colegas para o significado estratégico do currículo aprovado e que se estende por quatro anos, para o curso de Pedagogia, enquanto em escolas congêneres da região eles duram três anos, no máximo[10].

As ações, desenvolvidas pelos professores no interior do Departamento, passam a evidenciar a ocorrência de debates e discussões que contemplam a exposição de divergências. A relação do Curso com o Sistema Estadual de Educação no que diz respeito à realização dos concursos é exemplo do que afirmamos:

> A Senhora chefe do Departamento solicitou que os senhores professores levem em conta na programação de suas disciplinas o solicitado pela Secretaria da Educação nos concursos para preenchimento de cargos na rede estadual de ensino, a fim de torná-lo o mais pragmático possível atendendo, portanto às necessidades imediatas dos alunos (19/03/77).

O professor José de Arruda Penteado manifestou tese contrária considerando que aquela posição não deveria ser considerada prioritária, mas tratada num âmbito mais amplo.

Outros temas passam a ser objetos de significativos debates: a definição conjunta de objetivos para o curso de Pedagogia; a adoção, ou não, do sistema de créditos preconizado pela Reforma Universitária; o Parecer Walnir Chagas e a proposição da habilitações para o curso; a articulação do Colégio da Fundação com o Departamento.

É inegável que, naquele momento, um curso com perfil mais definido está sendo delineado. Por outro lado, e contrariamente, o número maior de alunos em cada sala de aula e o vínculo direto com o mercado de trabalho questionam a qualidade do ensino oferecido. Nesse contexto surgiu por diversas vezes, nas pautas dos encontros do Departamento, a proposta de uma Habilitação em Supervisão de Empresas e outra em Supervisão Escolar[11].

A instalação das novas habilitações foi negada pelo Conselho de Curadores da FSA que insistiu no já conhecido argumento da sustentabilidade financeira do próprio curso. A negativa não suscitou qualquer reação da parte de alunos e professores do Departamento.

Um Curso de Pedagogia voltado para a *educação escolar* é a perspectiva que se consolida no Departamento de Educação da FAFIL.

Sobre as influências da Reforma Universitária/68 na "uspinha"

No período que analisamos, as influências da Lei 5540/68 podem ser verificadas, entre outras questões, naquela referente ao sistema de avaliação, quando o Departamento adota a sistemática dos créditos: *foi apresentado aos presentes o sistema de créditos pela Chefia do Departamento [...] submetido o assunto à votação, o sistema transcrito a seguir foi aprovado por todos os presentes, com exceção do professor Antonio*

Paschoal Rodolfo Agatti[2].

Numa primeira leitura, a conclusão a que chegou o Departamento parece sinalizar para o atendimento a um dos dispositivos da Reforma/68. Contudo, prosseguir na análise dos documentos nos permitiu abarcar as especificidades e contradições existentes no interior de cada escola de 3º grau em particular. A FAFIL e, em especial, o seu Curso de Pedagogia são um caso elucidativo da afirmação que fizemos: de um lado, a reforma do currículo (aprovada em final de 74 e abordada no capítulo V) é a expressão da racionalização; a adoção do sistema de créditos (aprovado em 77) também aí se situa e, por outro lado, o Departamento decidiu transformar o curso de três, para quatro anos de duração, buscando uma maior qualidade de ensino, remando contra a lógica da *racionalização*. Mesmo com tais contradições no seu interior, o curso de Pedagogia, é inegável, ganhou um perfil mais nitidamente delineado, voltado para a educação escolar e, buscando melhor qualidade de ensino como evidenciam as discussões levadas a efeito no âmbito do Departamento:

> Apresentação de uma proposta do prof. Ulysses Lombardi – Instrumento de Análise do Desenvolvimento do Plano Escolar – com enfoque especial sobre a avaliação...
>
> O prof. José Tolentino Rosa acrescentou que há que se questionar o tipo de trabalho do professor; juntamente com a profª Marli Pinto Ancassuerd, pensou em oferecer aos alunos do primeiro ano uma espécie de treinamento em pré requisitos para a orientação aos estudos, exercitando-os nos textos que eles mesmos utilizam para estudar[13].

A preocupação manifesta com o que ocorre na sala de aula, a

dosagem dos conteúdos, a avaliação dos alunos, as relações professor/aluno são temas recorrentes no âmbito do Departamento a partir dos anos 80 e diferenciaram claramente esse período do anterior, quando a burocratização foi a tônica das práticas dos docentes (e dos administradores).

Os ares da redemocratização que passavam pelo país no período, passaram também pela FSA: a reivindicação dos alunos-trabalhadores por maior participação e por menores mensalidades se acentuou a partir dos anos 80.

Um terceiro momento começou a se configurar no processo de constituição do Departamento de Educação: um período que será marcado pela discussão de questões pedagógicas, pela busca de alternativas que contemplem o alunado do curso e suas circunstâncias, mas, principal e fundamentalmente pelo enfrentamento e o debate políticos, no interior da Instituição e com as forças políticas conservadoras na cidade. A questão da *autonomia* assumiu a centralidade das ações desencadeadas pelo *coletivo* do Departamento no período em questão.

No final do período anterior ocupava o Executivo Municipal, Lincon Grillo, eleito pelo MDB. Proprietários de escolas privadas ocuparam cargos no primeiro escalão do governo e teve início um avanço mais explícito sobre as escolas mantidas pela Fundação Santo André e pela Fundação Universitária do ABC (FUABC)[14]. Inicialmente, ganhou intento a idéia da federalização da Faculdade de Medicina, idéia que logo evoluiu para a criação de uma universidade federal, englobando todas as faculdades municipais em funcionamento no ABC.

No cerne da proposta, o desejo de livrar as prefeituras do ABC do encargo de manutenção financeira daquelas escolas. *Estas, as iniciativas no terreno oficial, no terreno particular havia movimentação da parte do Instituto Metodista de Ensino Superior, objetivando assumir a res-*

ponsabilidade de direção da Faculdade de Medicina, com o que numa segunda etapa seria tentada a criação da universidade[15].

Um golpe já havia sido desferido pelo Conselho de Curadores (cuja maioria era constituída por representantes do prefeito municipal) contra o Colégio da Fundação, uma escola técnica de 2º grau de qualidade reconhecida. Os seus alunos, funcionários e professores ficaram sabendo de sua extinção por notícia divulgada no Diário do Grande ABC, com a informação (dados haviam sido "maquiados") que se tratava de escola deficitária e existiam vagas ociosas de 2º grau em escolas privadas e oficiais gratuitas na região. Por detrás dos falsos argumentos, o interesse das redes privadas de ensino de 2º grau, agora o grande filão para empresários da educação como o fora o ensino superior no início dos anos 70.

Foram extintos também, os cursos de especialização e aperfeiçoamento oferecidos pelo Centro de Pós-Graduação da FSA e então procurados por alunos vindos de outros municípios e mesmo de outros locais do país[16].

A luta pela autonomia: quando os atores entram em cena

O Departamento de Educação, imerso no contexto mais geral, passa por discussões de caráter mais alargado, político-educacional; por uma relação bastante conflituosa com o presidente da Fundação Santo André; por uma relação com o diretor da FAFIL marcada pela busca de autonomia; por discussões de caráter pedagógico, enfrentando, neste campo, debates sobre o desempenho do papel profissional dos professores.

O Departamento assume posição diante do diretor da FAFIL (1985) afirmando sua autonomia:

> ... a professora Maria de Lourdes Ruegger Silva disse que... o diretor da FAFIL... presenciou uma professora deste Departamento assinar o ponto, registrar 'palestra' no diário e sair apressadamente, após ter feito verificação das salas de aula de Pedagogia em aula neste dia, considerou falta para as professoras... A professora Maria de Lourdes Ruegger Silva justificou sobre a participação de um ciclo de três palestras sobre economia no CEPES, do qual o curso estaria participando, e que o professor Gilberto de Andrade Martins não haveria tomado conhecimento[17].

Os professores reagiram indignados por considerarem "falta de respeito à competência profissional", ato repressivo, arbitrário, não valorizando o trabalho dos profissionais. A decisão de todos foi chamar o diretor da escola para que, através do diálogo, justificasse sua atitude e conhecesse o trabalho dos professores do Departamento.

O Departamento desenvolveu formas de atuação direta nas discussões das questões de natureza institucional: organizou e participou ativamente o I Congresso da Fundação Santo André com o objetivo de discutir os grandes rumos da Instituição na sua relação com a Prefeitura Municipal de Santo André.

É neste contexto que vai se caracterizando o amadurecimento de projetos mais estritamente pedagógicos, particularmente para as séries iniciais do curso de Pedagogia. Em documento datado de 1986, "Propostas Alternativas – curso de Pedagogia – Fundação Santo André – 1984-1986" – podemos ler:

> ... o Departamento conclui que havia necessidade de pensar o curso, especialmente para os anos de 1985 e 1986, considerados anos de transição para

> a implantação de uma nova proposta definida em 1984, proposta esta que tentou levar em conta, de maneira precária, mas com seriedade, as questões levantados pelos alunos. Assim, considerou-se fundamental pensar os planos de ensino de maneira conjunta, de forma a integrar pelo menos algumas disciplinas possíveis de serem integradas, pelo seu caráter e pela disponibilidade dos professores. Desta maneira, levando em conta a precariedade de tempo dos professores, visto que são contratados por hora/aula, optou-se por tentar fazer essa integração com os conteúdos das disciplinas do 1º ano...
>
> Para um planejamento integrado dessas disciplinas, discutiu-se a importância de: a) desenvolver conteúdos voltados para as questões vividas pelos alunos, conforme solicitação (essas disciplinas tiveram como preocupação a realidade brasileira); b) trabalhar uma visão crítica das questões e uma visão não linear da história e dos problemas vividos, abordando o processo e não fatos isolados como normalmente os alunos terminam por aprender o conteúdo dessas disciplinas[18].

No documento citado também aparecem explicitadas posições mais amplas para além do pedagógico estrito e mais articuladas, ganhando contornos de tendências democráticas, progressistas.

As pequenas ações desenvolvidas no cotidiano do Departamento de Educação o foram colocando cada vez mais distante e de forma mais acirrada em relação ao presidente da FSA. O contexto de redemocratização do país e da própria FAFIL parecia não ter chegado à presidência da FSA. A análise de outros documentos (correspondência interna, resoluções, atas do Conselho de Curadores) permitiu perceber que as posições mais democráticas foram assumidas também pela direção da FAFIL e demais órgãos colegiados (Conselho Departamental e Departamento).

Um exemplo esclarecedor do clima reinante é o trecho de ofício da presidência da Fundação, endereçado à direção da FAFIL, transcrito como segue:

> Tem a presente, face informações telefônicas feitas ao presidente do Conselho de Curadores, a finalidade de solicitar a V. Sa. Os seguintes esclarecimentos: a) As aulas do período noturno da FAFIL estão sendo regularmente ministradas? Obs. A informação recebida é de que à noite não estão sendo dadas as aulas regularmente previstas. b) Estão sendo utilizados equipamentos de som no interior do prédio da Faculdade de Filosofia? Obs. A informação alega que é impossível um ser normal tolerar o barulho feito por equipamentos de som pertencentes ao Centro Acadêmico. (Of. FSA nº 333/87)

Como nos tempos da Ditadura...

Uma situação de patrulhamento se instalou na FSA, relembrando os piores anos da ditadura vivida, no início da década de 70, no país. A tensão existente entre professores e presidente é também extensiva aos alunos, particularmente em função da cobrança abusiva das mensalidades e de uma postura ameaçadora assumida pelo presidente.

> Pelo presente comunico aos alunos inadimplentes que a partir de 01/10/87 não serão consideradas presenças para aqueles que não estiverem em dia com os seus pagamentos... Caso algum aluno

> inadimplente se julgar amparado por qualquer preceito legal, devemos alertá-los que tal procedimento poderá significar um alto preço a ser pago.

É nesse contexto que se deu a demissão de três professores da FAFIL, a saber: o próprio diretor da Faculdade e duas professoras do Departamento de Educação, a então chefe em exercício e a chefe eleita para a nova gestão.

De novo o Departamento de Educação reivindicou a sua autonomia, assim como a dos demais órgãos colegiados da FAFIL, repudiando a ação da presidência da FSA[19].

Mais uma vez, o Departamento demonstrou coerência com os princípios que vinham pautando suas ações coletivas, particularmente no período 84-89:

> O Departamento de Educação da Faculdade de Filosofia, Ciências e Letras da Fundação Santo André, composto por educadores que, em seu trabalho, aprenderam, sobretudo, a se pautar pelo respeito ao profissional que cumpre honestamente suas obrigações, que sabem que um trabalho educacional se monta sobre diferentes tratamentos dados aos problemas, que viram a Congregação ser desrespeitada... manifesta, pelo presente, a sua rejeição ante a medida adotada pelo Senhor presidente do Conselho de Curadores, dispensando três colegas professores, prof[a]. Marli Pinto Ancassuerd, prof[a]. Marilena Nakano, chefes de Departamento, eleitas por seus pares, e o atual diretor da Instituição, prof. Dr. Gilberto de Andrade Martins, eleito em iguais condições.
>
> (Carta Aberta à população de Santo André, em 05/02/88)[20].

O Conselho Departamental e a Congregação da FAFIL se manifestaram:

> ... que é direito legítimo da Congregação deliberar sobre dispensa de professores. A douta Congregação da Faculdade... em defesa de seus direitos legítimos e inalienáveis direitos, DELIBERA pela negação e repúdio aos atos do Sr. presidente do Conselho de Curadores da Fundação Santo André, que, arbitrariamente, demitiu seus membros: Gilberto de Andrade Martins, Marli Pinto Ancassuerd e Marilena Nakano. (Ata da Congregação da FAFIL, em 10/02/88)

Atos arbitrários como os acima citados continuaram ocorrendo ao longo do ano de 1988, exigindo do Departamento a continuidade da luta pela sua autonomia face à relação conflituosa do Departamento com a Presidência e, a partir de março, com a nova direção da FAFIL.

> ... reuniu-se o Departamento de Educação sob a presidência da Senhora diretora da Faculdade – professora Neusa Jorge Longo, para deliberar sobre a seguinte ordem do dia: Eleição do Chefe de Departamento de Educação... A Senhora diretora disse que seria mais simples nomear o professor Jacob Daghlian – vice-diretor, enquanto se decide esse impasse. (03/3/88)

> A professora Sônia Maria Portella Kruppa solicitou que a Direção da Faculdade e a Curadoria respeitassem o Departamento de Educação e o trabalho dos professores, salientando que no Departamento há uma proposta que consiste em trabalho. (08/3/88)

As atas do Departamento de 03 e 08 de março permitem perceber, claramente, a relação conflituosa existente entre a nova Direção da FAFIL[21] e o Departamento de Educação. Esta relação foi se tornando cada vez mais acirrada, inclusive em questões referentes à contratação de professores. Uma professora, Maria Cecília I. Ferreira, se apresentou para assumir aulas no Departamento, em substituição às professoras demitidas.

> Essa contratação foi feita desrespeitando as decisões do Departamento e que essa situação também seria questionada em relação a qualquer outro professor e que, portanto, esse questionamento não era nenhum julgamento pessoal. O professor Sebastião Haroldo de Freitas Corrêa Porto expôs que não se tratava de um julgamento quanto a pessoa da professora, mas, sim, das atribuições do Departamento. (Reunião do Colegiado, em 23/4/88)

Como pode ser visto, as interferências no Departamento pela nova direção da FAFIL e pela presidência da FSA só fizeram reforçar a luta pela autonomia. A luta se explicitou, a cada momento, no cotidiano de professores e alunos.

> Os professores manifestam repúdio unânime e veemente às demissões, ...dado que elas comprometem o futuro da Instituição pelo desrespeito aos profissionais, aos órgãos colegiados e à autonomia universitária... (05/2/88)

Diante de tantas pressões e dada à assumida posição no embate pela autonomia universitária, há uma desarticulação dos projetos, mais estreitamente pedagógicos, no âmbito do Departamento.

> A prof². Maria Helena Bittencourt Granjo manifesta sua preocupação com respeito ao curso, dada a saída de alguns professores, com isto, o curso deu uma 'balançada'. (20/6/88)
>
> Maria Helena Bittencourt Granjo apresentou uma avaliação do curso hoje em função da problemática que envolveu o primeiro semestre deste ano. Relevou a cooperação tanto dos alunos como dos professores, localizou que um clima de cansaço vem tomando os professores e alunos no segundo semestre com uma inquietação muito grande. (26/8/88)

Apesar da desarticulação, surgiram sinais evidentes do esforço feito pelo Departamento no sentido de sua reestruturação. Com a readmissão dos professores demitidos, com a saída da diretoria da FAFIL e com a mudança da Presidência da FSA[22], no início de 1989, parece reiniciar, vigorosamente, o trabalho com o ensino. Em ata de reunião do Colegiado, do dia 19/8/89, há relato de longa discussão sobre os conteúdos ministrados pelos professores, colocando-se a perspectiva de retomada dos projetos iniciados em meados da década de 80 para o ano de 1990.

O Departamento retoma, também, discussões de questões internas, tal como a questão da avaliação de um determinado professor, a pedido dos alunos, e o faz da forma mais aberta.

> O problema está posto e é concreto. Há que se enfrentá-lo de frente e não contemporizar. Não vale a pena tentar de novo, sobretudo após o impasse criado, pois não haverá mais clima para um bom trabalho daqui por diante. Alia-se a isso... a postura e atitude da professora... incompatíveis com a proposta e o projeto de curso que está sendo estruturado. (12/9/89)

"Petistas" e/ou "baderneiros", por oposição aos "grupos da ordem": os embates políticos no interior e para além dos muros da FSA

O final da década de 80 é marcado, também, por uma polarização de forças no interior das faculdades mantidas pela FSA: *professores e alunos da FAECO e um grupo, constituído por professores e alunos da FAFIL (do Bacharelado em Matemática, em especial) passaram a cunhar a expressão "petistas", associada a "baderneiros" para nomear os defensores da candidatura Celso Daniel (PT) ao Executivo Municipal* [23]. Aqueles grupos apoiavam a reeleição de Newton Brandão (PTB/PFL).

A crise que vivia o Departamento se agudizou – boa parte de seus professores eram petistas ou se declaravam simpatizantes do Partido dos Trabalhadores. Três daqueles professores: Sônia Maria Portella Kruppa, Marli Pinto Ancassuerd e Marilena Nakano, com a colaboração de alunos de Pedagogia, haviam mapeado em 1988, os sistemas públicos municipal e estadual e a rede privada de escolas, de todos os níveis de ensino, da cidade de Santo André. O material subsidiou a elaboração do programa do PT para a área da educação.

A Instituição vivia um processo eminente de privatização como já descrito anteriormente. Os grupos defensores da privatização, dentro e fora dela[24], apontavam para o ganho da Instituição com a *independência* na utilização de recursos financeiros, advinda do rompimento do vínculo com o poder público municipal. O Departamento de Educação, como um *coletivo* liderou a luta pela manutenção do estatuto público da Fundação Santo André, reunindo na empreitada um conjunto significativo de professores da FAFIL, seus alunos e ex-alunos, ao lado de setores da sociedade, compromissados com a defesa da escola pública de qualidade: sindicatos (dos químicos, dos metalúrgicos, dos professores), partidos políticos de oposição, OAB, Igreja, dentre outros.

Vencidas as eleições municipais, o Partido dos Trabalhadores foi buscar os seus quadros no Departamento de Educação, pessoas com trajetórias de vida e militância política em diferentes espaços (Igreja, ME ou em partidos políticos), o que não se constituiu em problema para um departamento que sempre abrigou a diversidade. Contudo, a ida ao governo municipal trouxe desdobramentos para a Instituição, para a FAFIL, sobretudo.

Hoje podemos avaliar que, o fato de não nos afastarmos da Fundação naquela ocasião[25], foi causador de uma situação que desembocou em nova crise quando não mais estávamos no governo: a disputa interna de grupos inviabilizou a realização do II Congresso da Fundação, espaço que seria destinado às discussões e deliberações da comunidade acadêmica sobre as propostas para um novo estatuto da Fundação Santo André, processo que havia se iniciado com a chegada das forças democráticas ao governo municipal.

> Assim é que não avançamos na constituição de um novo projeto para a Instituição e ele vem de fora: no início dos anos 90, o prefeito municipal Celso Daniel (PT) e a presidente do Conselho de Curadores da Fundação Santo André, prof^a Selma Rocha, secretária de educação municipal, levam a efeito a contratação de uma assessoria externa cuja tarefa é a elaboração de um projeto para a transformação da Instituição em Centro Universitário[26].

Capítulo IV – JOVENS E ADULTOS TRABALHADORES NO ENSINO SUPERIOR

Quem são os alunos do curso de Pedagogia?

Iniciamos esta análise pela primeira turma da Seção de Pedagogia que se licenciou em 1969. Foi possível levantar os dados sobre sexo, origem, estudos pregressos, idade e atividade profissional de vinte e um alunos de um conjunto de 31. A diferença é explicada pela impossibilidade de localização dos prontuários de 10 alunos, quando da realização desta investigação.

Salta aos olhos, o fato de que boa parte do alunado tem a sua origem fora das cidades do ABC paulista.

Origem dos alunos – 1ª turma

Local / Nascimento	N. de Alunos	%
Grande ABC	05	24
Capital	03	14
Interior / SP	10	48
Outros estados	03	14

O curso recebeu, na sua primeira turma, *alunos-migrantes* e filhos de migrantes que para cá vieram no rastro do processo de industrialização. Recebeu, também, alunos que não conseguiram vagas nas escolas superiores tradicionais da Capital e buscaram uma segunda chance no concurso vestibular da "uspinha".

A turma era composta majoritariamente por mulheres (90%), com a presença de três alunos do sexo masculino (10%).

A maioria dos alunos apresenta uma defasagem de idade em relação à entrada no primeiro ano do curso, o que indica interrupção de estudos após o 2º ciclo.

Idade dos alunos – 1º turma

Faixa etária	N. de alunos	%
Até 18	01	5
18-20	08	38
21-22	01	5
23-24	04	19
25 e mais	07	33

Nas falas dos professores catedráticos da época, *os alunos são funcionários públicos, professores e diretores das escolas públicas da região e capital, que buscam na Faculdade, as oportunidades de aperfeiçoamento profissional e melhoria na carreira do magistério. Ainda, segundo os professores, esses alunos evidenciam a presença de condições favoráveis ao ensino: maturidade, responsabilidade, interesse e determinação*[1].

Os alunos da primeira turma cursaram, na sua grande maioria, o 1º e o 2º ciclos em escolas públicas, no período diurno. Também, somente dois alunos do grupo realizaram o 2º ciclo do ensino médio em cursos que não o de formação do professor primário; um deles havia cursado o *clássico* e outro o *científico*.

Estudos pregressos – 1º e 2º ciclos

Ciclo/Mod. de Ens.	Escola Pública	%	Escola Particular	%
1º Ciclo	14	67	07	33
2º Ciclo				
Normal	11	52	08	38
Científico	01	5	-	
Clássico	01	5	-	

Foram localizados dezoito alunos trabalhando como professores primários em escola públicas do ABC e da Capital.

No início dos anos 70, os vestibulares da FAFIL já não eram

mais *eliminatórios*. A Congregação autorizara a matrícula de candidatos aprovados e *excedentes*, no limite das vagas destinadas a cada um dos cursos.

A Resolução nº 15/71, do Conselho de Curadores da FSA, instituíra a Comissão Permanente de Vestibulares (COPEVE), o que possibilitou a realização de vestibulares *unificados e de natureza classificatória. À COPEVE competia: a realização das provas vestibulares, a divulgação das Faculdades e o desenvolvimento de técnicas de pesquisa de avaliação dos resultados dos vestibulares, estudando sua correlação com a atuação do aluno, no decorrer do curso*[2].

Assim é que vamos encontrar, "nos arquivos", um estudo preparado para a COPEVE (anexado ao *Relatório – Vestibulares Unificados – 1972*) pela professora Hebe Guimarães Leme, com base em questionário que foi aplicado a todos os alunos matriculados em 1972. Trata-se do levantamento minucioso de dados e aqui nos reportaremos aos alunos do 1º ano do Curso de Pedagogia em especial.

Os dados nos apontaram um grupo formado predominantemente por alunas (97%); a participação masculina é ínfima (3%) em um universo de 122 alunos, matriculados 54 no período no período diurno e 68 no período noturno.

Distribuição por idade, período e sexo, em %

	Diurno				Noturno	
	Masc.	(n)	Fem.	(n)	Fem.	(n)
até 18 anos	0	0	18	(9)	6	(4)
19-22	67	(3)	53	(27)	51	(34)
23 e mais	33	(1)	29	(15)	43	(29)
TOTAL		(4)		(51)		(67)

Permaneceu pequena, como na primeira turma de alunos do

curso, a porcentagem daqueles que não apresentam hiato temporal entre o término do curso médio e o ingresso na Faculdade. Concorre para a compreensão desta situação, o fato de quase ¾ das alunas do noturno terem feito o curso *normal* e, do diurno, 57% serem também normalistas. Somente 2% delas fizeram o *comercial*. Como se trata aqui de cursos profissionalizantes, é natural que um bom número dessas alunas tenham exercido a sua profissão ou, ainda, realizado cursos de *aperfeiçoamento* antes de ingressarem no curso superior. É preciso também assinalar que 100% dos alunos do período noturno aí ingressaram mediante a primeira opção feita nos vestibulares; no diurno, apenas 56% dos alunos estavam nessa situação.

Quanto ao estado civil, a proporção de solteiras é grande: 90% no diurno e 88% no noturno. Apesar de a maioria ser solteira, a sua participação na vida econômica de a família acarreta-lhe outras responsabilidades. Compõe um perfil e uma identidade muito peculiares e diferentes dos que poderiam, à primeira vista, ser associados a estudantes solteiros e sem dependentes.

A maioria dos estudantes (93% no noturno e 52% no diurno) trabalha. As maiores proporções registradas no noturno, de alunos procedentes de estratos sociais mais baixos e componentes dos grupos etários mais velhos, justificam a elevadíssima proporção dos que trabalham naquele período. A mesma relação se mantém quando observamos o total de horas semanais trabalhadas, segundo os períodos: trabalhando trinta e seis horas semanais, encontramos 62% dos alunos do diurno e 39% do noturno; trinta e sete horas e mais trabalham 38% dos alunos do diurno e 61% do noturno.

São esses os *trabalhadores-estudantes* que estavam obrigados a vinte e quatro horas/aulas semanais, inclusive aos sábados, com os alunos do noturno comparecendo para as aulas no período da tarde.

Hebe Guimarães Leme faz uma observação importante sobre o rendimento escolar daqueles *trabalhadores-estudantes*:

> Como perspectiva é de esperar-se que alunas do diurno venham, possivelmente, a apresentar rendimento escolar mais alto, em média, que suas colegas do noturno, se tomarmos isoladamente esse fator. Curiosamente, temos ouvido porém de vários colegas que, apesar das aparentes facilidades dos alunos do diurno, a turma da noite, tomada globalmente, é "melhor", em geral que a primeira. (Relatório, 1972, p. 45).

A professora Hebe Guimarães Leme sugere, ainda, *que uma posterior pesquisa vocacional, em profundidade, talvez trouxesse valioso subsídio para a orientação pedagógico-administrativa da Escola.*

O ingresso no trabalho daqueles trabalhadores-estudantes pode ser analisado, segundo os dados da tabela que segue:

Idade de ingresso no mercado de trabalho, por período (em %)

	Diurno	Noturno
até 18 anos	58	62
19-20	18	36
21-22	24	0
23 e mais	0	2

As diferenças na distribuição das alunas por nível sócio-econômico explicariam o fato de que, no noturno, 62% das alunas tenham começado a trabalhar com 18 anos. A composição por nível sócio-econômico é representativa:

Estrato social, por período (em %)

	Diurno	Noturno
Alto	29	9
Médio	48	55
Pobre	23	33
Muito pobre	0	3

Efetivamente, as classes populares estavam distantes da FAFIL, no início dos anos 70, ainda que o alunado de Pedagogia se compusesse, majoritariamente, por estudantes-trabalhadores, cujos salários não estavam acima de Cr$ 750,00 (88% das alunas do diurno e 79% do noturno recebiam *até* esse valor).

Uma característica vai diferenciando este grupo da primeira turma do curso: a maioria dos alunos concluiu o curso médio no Grande ABC (49% dos alunos do diurno e 73% do noturno). Poucos são os alunos que fizeram *madureza* (10% no diurno e 3% no noturno) no 2º ciclo. Os alunos de ambos os períodos se valeram da escola pública para cursar o 2º ciclo: 63% (diurno) e 72% (noturno) o fizeram.

Quanto ao nível de escolaridade dos pais dos alunos, as cifras somadas referentes às categorias *analfabeto, primário incompleto e primário completo* apresentaram-se impressionantemente altas, de modo que os responsáveis pela pesquisa resolveram *apenas contrastá-las com as últimas categorias do contínuo a saber, superior incompleto e superior completo.*

Na categoria até *primário completo* foram registrados 54% dos pais e 70% das mães dos alunos do diurno, e 74% dos pais e 78% das mães dos alunos do noturno. Como *superior incompleto*, 4% (diurno) e 3% (noturno) dos pais e apenas 1% das mães na turma da noite; com *superior completo*, 6% dos pais tanto num quanto noutro período. As categorias *superior incompleto* para as mães, no período diurno, e *superior completo* para os dois períodos, apresentaram freqüência nula.

Portanto, as nossas observações apontam que serão estas gerações (anos 70) de *trabalhadores-estudantes* universitários as que poderão propiciar aos seus próprios filhos uma quantidade e variedade de estímulos culturais que permitirão não seja tão aguda a pirâmide que retrata a população escolar, desde o ingresso na escola primária até a conclusão de curso superior.

O Departamento de Educação da FAFIL cumpriu um papel relevante para que a possibilidade de entrada e permanência de *trabalhadores-estudantes* num curso superior de qualidade fosse mantida no âmbito da Fundação Santo André nos anos subsequentes.

Resta, ainda, recuperar as observações dos alunos quanto aos motivos alegados para o ingresso na Faculdade: os motivos categorizados pelos pesquisadores como de *natureza pessoal* (curiosidade intelectual, oportunidade de adquirir e usar conhecimentos, habilidades e aptidões) predominaram claramente sobre aqueles categorizados como *predominantemente ligados ou relacionados com o mercado de trabalho*.

Uma outra ocorrência verificada na pesquisa em questão não pode deixar de ser mencionada e para ela procuramos buscar explicações. Trata-se da elevada participação de *normalistas* nos demais cursos oferecidos pelas Faculdades da FSA.

Participação de normalistas (sexo feminino) na composição dos cursos (em %)

	Letras		Matemática		C. Sociais		Ciências	Economia
	D.	N.	D.	N.	D.	N.	D.	N.
Secundário	58	57	73	55	45	47	48	29
Normal	29	29	14	25	23	35	33	57
Comercial	5	0	0	0	5	8	0	0
Industrial	0	0	2	0	0	0	2	0

Certamente, para os que buscavam o curso de Pedagogia, se colocava a possibilidade de aperfeiçoamento profissional (como professores que já eram) e de acesso a outros níveis da carreira (diretor de escola, coordenador, orientador educacional); para os demais cursos, a possibilidade de uma formação como *professor-especialista* (ensino secundário, 1º e 2º ciclos) ou o acesso a funções técnico-administrativas nas empresas da região.

Os dados oferecidos pelo relatório de Hebe Guimarães Leme (1972) são aqui analisados por nós, à luz das proposições teóricas de Bourdieu (1974).

Os dados sobre a escolarização dos pais das alunas indicam que boa parte delas está chegando ao ensino superior pela primeira vez na história do grupo familiar. À fraqueza do capital econômico, expressa pela condição de camada média assalariada da maioria dos alunos, pode-se acrescentar o fato de que são possuidores de uma baixa taxa de capital cultural[3].

A instituição familiar, na sociedade capitalista, transmite de forma bastante desigual o conjunto de bens simbólicos, uma vez que numa sociedade de classes a distribuição desses bens não ocorre de maneira simétrica. Na verdade, a herança dos bens culturais acumulados e transmitidos pelas gerações anteriores pertence àqueles que detêm os meios materiais e simbólicos para deles se apropriarem.

Do grupo de alunos do Curso de Pedagogia que responderam ao questionário da pesquisa, 53% do diurno e 55% do noturno declararam possuir em casa até cem livros. O capital cultural acumulado por suas famílias é, no geral, muito pobre. Sem herança, seja cultural ou material, essas alunas receberam dos seus pais mais que uma cultura, uma boa vontade cultural. Não é por outra razão que a ida ao ensino superior é vista por elas *como a possibilidade de adquirir e usar conhecimentos, habilidades e aptidões*, que desta forma é tomada como forma privilegiada de acesso à cultura.

A escola é vista assim, como o lugar no qual um grupo em débito com o capital cultural busca atualizar-se com o mesmo. A importância atribuída à educação deve-se ao fato de que esse grupo encontra-se numa situação de pouca mobilidade social, o que o leva a referendar o mito da educação como um canal de ascensão social.

O estudo realizado por Hebe Guimarães Leme nos anos 70 não teve continuidade na década seguinte. Os relatórios das então denominadas *Comissões de Vestibulares* se limitaram a caracterizar os *vestibulandos* e não os alunos efetivamente matriculados nos diferentes cursos da Instituição. Os Departamentos da FAFIL, por sua vez, não tomaram iniciativa no sentido de promover aquele tipo de pesquisa.

No ano de 1983, um grupo de alunos do Curso de Pedagogia *decidiu realizar uma pesquisa com o objetivo de repensar o sistema de avaliação de aproveitamento vigente para o curso. Considerou, contudo que a pesquisa poderia ser mais ampla*[4]. Reformulando os seus objetivos iniciais, o grupo se dispôs a conhecer a situação do curso, nos seus aspectos administrativos e educacionais bem como mapear as expectativas dos alunos em relação ao curso.

As alunas elaboraram um questionário que foi aplicado a duzentos e cinco alunos das quatros séries do curso. De início, foram tabuladas as respostas dadas à metade dos questionários. As alunas só retomaram o trabalho no ano de 1985, quando duas delas exerciam função de monitoras junto às disciplinas de Avaliação do Rendimento Escolar e de Estrutura e Funcionamento do Ensino.

Um dado diferencia a clientela dos anos 80 daquela das duas décadas anteriores: somente 17,8% dos alunos exercem trabalhos ligados ao setor educacional e 21% deles nos setores administrativos de empresas. Não é por outra razão que este último contingente reivindica uma formação que o habilite a trabalhar com treinamento de pessoal. É preciso lembrar que a desvalorização do profissional do magistério e as denúncias sobre as mazelas da educação brasileira marcaram esse período.

Nesse sentido, é necessário verificar as razões apontadas pelos alunos para buscarem um curso de pedagogia. Para aqueles que ingressam no curso em primeira opção (89%), manifestaram a vontade de trabalhar com crianças 49% deles; 23% para dar continuidade à formação anterior no curso de magistério, e 17% para trabalhar na empresa, com treinamento de pessoal. Dos vinte e nove alunos que optaram por Pedagogia como segunda escolha, 7% desejavam ter um curso superior; 3% julgavam ser aquele um curso fácil e 1% para não "ficar parado". O grupo de alunos responsável pela pesquisa lembrou, acertadamente, *que as razões para se ingressar em um curso podem ser indicadores das expectativas que o aluno tem frente aquele curso e, também, da sua insatisfação futura.*

Colocava-se aqui, para o Departamento de Educação, a necessidade de uma definição dos objetivos do curso e do perfil de profissional a ser formado.

Diante de uma questão sobre a mudança de visão de mundo

(qual? diferente do que antes possuía?) em função do curso, 74% dos alunos pesquisados responderam sim à situação de mudança e 26% ofereceram resposta negativa. Os que afirmaram ter havido mudança, apontaram para uma *visão crítica do mundo e da educação*. O grupo de alunos-pesquisadores remeteu aqui uma recomendação importante ao Departamento de Educação como um todo: *a do risco de formular apenas discursos referentes à situação social e esquecer de buscar projetos coletivos, alternativas para a melhoria do curso.*

O Departamento de Educação não se mostrou insensível à chamada de seus trabalhadores-estudantes como ficou evidenciado no capítulo III.

É grande a influência que a família exerce sobre esses sujeitos: apenas 27% declararam que não foram influenciados por ela ao escolherem o curso. Dentre os demais, 56% tiveram o apoio e aprovação do curso escolhido e 17% informaram que a família não gostou do curso escolhido, da faculdade ou ainda da própria escolha feita (estudar) por ser mulher.

Para a escolha da instituição, os alunos apontaram a qualidade do curso como determinante (64% das respostas), qualidade essa expressa através de três tipos de indicações: referências sobre o curso, o fato do curso ser mais extenso (quatro anos) e o desejo de estudar na Fundação. A localização da Instituição, próxima à Capital e nos limites dos três municípios (Santo André, São Caetano do Sul e São Bernardo do Campo) foi indicada por 56% dos alunos como fator importante na escolha, permitindo equacionar a questão da ida à escola e aos locais de trabalho. No momento da realização da pesquisa, a questão das anuidades pagas não apareceu como o fator preponderante (23% dos alunos). Podemos considerar que naquele momento a questão do desemprego ou do "bico" ainda não se colocara para os trabalhadores-estudantes cujos salários arrochados, é verdade, ainda permitiam o pagamento das anuidades mais baixas praticadas pela Fundação Santo André. Uma crise, com fortes componentes político-financeiros, estava sendo gestada no interior da instituição e sua explosão ocorrerá nos anos subseqüentes, conforme análise feita no capítulo III.

Os trabalhadores-estudantes tinham clareza das lacunas deixadas pela escolaridade anterior (massivamente originários de escolas públicas) e 37% deles consideraram que a introdução da disciplina Língua Portuguesa era imprescindível ao currículo praticado no curso.

A afirmação reiterada em reuniões de professores do Curso de Pedagogia e mais enfaticamente ouvida entre professores dos Cursos de Matemática, Letras e Ciências Físicas e Biológicas era a de que *os alunos não sabiam ler e escrever, só tinham aprendido a fazer cruzinhas*[5]. As críticas às desvantagens lingüísticas e culturais se acentuaram atingindo tom extremamente depreciativo em relação a esses alunos, bastante diferentes é verdade daqueles que os professores catedráticos da Instituição encontraram nos anos iniciais de funcionamento dos cursos. Um grupo de professores do Departamento de Educação redigiu à época um manifesto que foi afixado em todas as portas dos demais departamentos, na sala dos professores, no local de reuniões da Congregação:

> Senhores professores, estes são os alunos que temos: não sabem ler, têm dificuldades para redigir, "não têm cultura". São alunos que conquistaram o direito de estar aqui! É com eles que vamos trabalhar – esse é o desafio [...] permanecer como professor da Fundação Santo André, nesse momento, deve significar a aceitação dessa realidade como ponto de partida e a convicção de que esses alunos têm o direito e a possibilidade de fazer um curso decente.

Esses alunos que associam sua vida profissional futura ao prestígio da Instituição (Fundação, qualidade do curso), consideraram que o bom professor é aquele que, em primeiro lugar, transmite conhecimentos (15%); em segunda posição, aquele que transmite conhecimentos e incentiva a teoria e a prática (13%) e, por fim, aquele que ouve os seus alunos (10%).

Esse grupo de alunos não abandonou a idéia do professor como *dono* dos conhecimentos e, em se tratando de um grupo que vê na educação uma forma de ascensão e fortemente influenciado pela família na sua escolha, reivindica do professor uma racionalização das técnicas de transmissão da cultura e do saber[6]. A noção de *prática* está associada à de receita. Por outro lado, o grupo apontou a necessidade de que o professor se disponha a conversar e respeitar as idéias dos seus alunos.

O relacionamento entre os colegas de turma é visto a partir da existência ou não de união na turma, da formação de *panelinhas* e do individualismo. Os alunos consideram que a falta de união é mais intensa nos dois primeiros anos do curso.

Na verdade, essa situação é resultante de um contexto, ela explicita os valores sociais transmitidos e inculcados desde cedo pela escola para manter o sistema funcionando sem problemas. Trabalhar na direção de uma educação democrática significa, também, procurar alternativas de ação na sala de aula a fim de conseguir uma maior articulação dos indivíduos com o mundo que os rodeia e com as pessoas com as quais convivem. Ir para além do discurso (como propuseram esses alunos) foi fundamental ao grupo de professores do Departamento que se envolveram com um projeto de educação progressista a partir de meados dos anos 80.

O alunado da FSA foi objeto de uma grande pesquisa – o I Censo dos Alunos – no início de junho de 1990. Para que esse estudo, iniciativa da presidência do Conselho de Curadores da FSA[7] fosse levada a cabo, foi preciso vencer as resistências dos alunos que viam na pesquisa um instrumento de controle com vistas ao aumento das anuidades escolares, especialmente os alunos do curso de Ciências Sociais.

Mesmo não sendo citadas no relatório oficial do censo, as professoras do Departamento de Educação, Marli Pinto Ancassuerd, Marilena Nakano, Maria Elena Villar e Villar e Maria Helena Bittencourt Granjo participaram ativamente desde o início dos trabalhos. Coube a um grupo de alunos do Curso de Pedagogia a supervisão da aplicação da pesquisa e uma organização inicial do material e dos dados coletados.

A pesquisa atingiu cerca de 85% do corpo discente ou 3.520 alunos. Dos alunos que freqüentavam o curso de Pedagogia, 80% responderam ao I Censo, representando 13,3% do total de alunos de todos os cursos da FSA.

A maioria desses alunos (73,56%) cursou o 1º grau e o 2º grau (61,19%) somente em escola pública. No 2º grau cresce o número de alunos que estudaram em escola privada (25,16%). Sabemos que o ensino de 1º grau foi massificado em São Paulo nos anos 70, o que não ocorreu com o 2º grau que, à época, colocava duas expectativas: a da profissionalização e a do vestibular aos cursos superiores. São maioria os alunos que cursaram o Magistério (55,44%), mas há um número significativo (41,14%) daqueles que cursaram outras áreas. A imensa maioria desses alunos não fez *cursinho* (85,07%) e concluiu o 2º grau nos últimos seis anos (82,52%), poucos ingressando imediatamente no 3º grau.

No período 1966-1990, o número de alunos das faculdades da FSA cresceu em mais de 20 vezes, com a maioria dos alunos freqüentando, nos anos 80-90, os cursos noturnos, invertendo assim, a trajetória inicial da Instituição, que no final dos 60 contava com

100% dos seus alunos no período diurno. A modalidade de 2º grau cursada pelos alunos evidencia, também, profundas diferenças no que diz respeito à incidência maior de egressos dos cursos normais nos anos iniciais, em todos os cursos. Vejamos:

2º Grau – Modalidade concluída (em %)

Cursos/ FSA	Técnico	**Magistério**	Comum	Supletivo	Outro
Ciências Econômicas	41,0	**4,1**	43,8	4,2	6,9
Ciências Contábeis	53,7	**2,4**	36,2	3,0	4,7
Administração de Empresas	48,9	**4,0**	41,3	2,9	2,9
Administração Hospitalar	40,4	**5,8**	48,1	1,9	3,9
Licenc. em Matemática	48,2	**8,2**	32,5	6,6	4,5
Bachal. em Matemática	59,8	**3,7**	31,2	1,1	4,2
Letras	31,3	**15,2**	36,6	8,3	8,6
Ciências Sociais	23,2	**14,0**	42,8	14,6	5,4
Ciências – 1º grau	35,8	**13,2**	32,1	14,2	4,1
Hab. em Química	42,2	**8,6**	41,4	5,2	2,6
Pedagogia	16,0	**55,4**	19,2	6,0	3,4

Trata-se de um grupo predominantemente de mulheres (96,80%) e solteiras (73,35%) e o motivo alegado para a escolha pelo curso foi o conceito favorável sobre a FSA (40,73%); proximidade da residência, mensalidades melhores, escolha de amigos somaram juntas 46,27% das indicações e 7,6% apontaram a possibilidade de acesso profissional.

Este grupo de trabalhadores-estudantes manifestou, como os das décadas anteriores, um significativo interesse no curso superior como a possibilidade de aquisição de cultura e conhecimento (47%) ao lado de um grupo também bastante representativo que busca uma formação profissional (51%). Pela primeira vez surgiu um interesse manifesto pela pesquisa (2%).

Trata-se também de um grupo mais jovem de alunos, com 53,31% deles na faixa dos 20 aos 29 anos; os nascidos em Santo André são 37%, na Capital 22%, em outros municípios do ABC 18% e apenas 11% em outros estados.

A grande maioria mora com a família (93,4%) que em boa parte aprova o curso escolhido (78,5%).

Quanto à escolaridade dos pais, encontramos indicadores muito próximos aos das turmas anteriores (anos 70) com uma pequena variação para mais em relação à escolaridade de 2º grau (mães e pais) e do superior para os pais.

Escolaridade dos pais (em %)

	Não freqüentou escola	1º grau		2º grau		Superior	
		inc.	compl.	inc.	compl.	inc.	compl.
Pai	8,8	62,8	8,1	4,0	9,5	2,2	4,6
Mãe	8,7	73,0	8,0	2,0	6,3	-	2,0

A maioria dos pais é constituída por trabalhadores braçais: produção e manutenção, 45,2%, e 79,3% das mães são donas de casa. A tabela que segue nos apresenta as ocupações dos pais e dos trabalhadores-estudantes.

Ocupação dos pais e alunos (em %)

	Atividades científicas, técnicas e artísticas	Trabalhador braçal (produção e manutenção)	Setor de serviços	Administradores e assemelhados	Não especificadas
Pai	10,9	45,2	26,9	7,6	9,4
Mãe[1]	6,3	3,2	6,0	1,8	3,4
Alunos[2]	59,7	2,2	3,4	23,7	5,7

[1] 79,3% são donas de casa.
[2] 5,3% idem ao anterior.

A maior parte dos alunos do curso de Pedagogia exerce uma atividade remunerada com mais de 30 horas (48,7%); em tempo parcial encontramos 34,5% e em trabalhos eventuais 5,5% deles.

Não estavam exercendo profissão remunerada no momento da pesquisa, 11,3% dos alunos. É importante assinalar que o contingente do curso de Pedagogia é predominantemente feminino e as famílias não contam com os serviços auxiliares de empregadas domésticas.

As alunas do Curso de Pedagogia, em grande maioria, contribuem para a manutenção da família (32,4%), sendo que 6% delas são as principais responsáveis por essa manutenção; 17,1% delas trabalham e são responsáveis pela própria manutenção, enquanto que 34,3%, mesmo trabalhando, precisam da ajuda da família. As alunas de Pedagogia, seguidas dos alunos do Curso de Ciências Sociais e da licenciatura em Ciências – 1º grau, apresentam rendimentos médios mensais abaixo da média total dos alunos matriculados nos cursos da Fundação[8].

Enfim, este é o trabalhador-estudante que administradores e professores buscavam conhecer, não é o aluno ideal, é o aluno real e suas circunstâncias: trabalha oito horas por dia, além de ir à faculdade; deve manter-se e ainda ajudar a família; estudou em escola pública; mantém-se atualizado ouvindo rádio, assistindo à TV e *espiando* um ou outro jornal; que não tem condições de ler textos em qualquer língua estrangeira; que não tem o hábito de leitura; não freqüenta teatros e vai pouco a cinema; que se deita tarde, levanta-se cedo; alimenta-se de lanche ao menos numa das refeições do dia; tem aulas aos sábados e pensa poder dedicar menos de três horas semanais para o estudo extraclasse. É o sujeito que, apesar das condições adversas, se dispõe a cursar uma faculdade, que persiste (a maior parte) até a formatura, alguns eliminados antes, seja pela reprovação ou pela desistência.

Dentre esses trabalhadores-estudantes, um número significativo de filhos de operários, alunos que Reginaldo Prandi[9] denominou *favoritos degradados*. Favoritos, porque poucos e privilegiados; degradados, porque já incapazes de manter para si, vivo, o sonho da promessa, tendo em vista a sua situação de trabalhador-estudante.

Trabalhar com esses alunos é desafio que se colocou para os professores, eles próprios horistas, com salários arrochados, sobrecarregados com aulas e outras atividades mal remuneradas, com dificuldades para conseguir algum aperfeiçoamento profissional, sem recursos ou tempo para despender com livros, revistas especializadas, teatro, cinema ou viagens.

É nesse momento que o Departamento de Educação, após discussão intensa (alunos e professores) sobre os dados oferecidos pelo Censo, propôs o *trabalho como princípio educativo* (conforme apresentado no capítulo III) como eixo norteador das atividades de planejamento didático para todos os cursos da FAFIL[10].

Jovens e adultos trabalhadores: alunos nem sempre disciplinados...

Segundo Gramsci (1968, pp. 3 a 12), a escola é o instrumento para a formação dos intelectuais de diversos níveis no mundo moderno.

O que o autor nos faz saber é que um conjunto de indivíduos, ao ser submetido a um programa comum de percepção, de pensamento e de ação, inclina-se, como tendência, a perceber e ordenar o real a partir dos repertórios e temas comuns, dos códigos e esquemas de percepção semelhantes adquiridos no tempo passado numa instituição escolar.

Segundo Bourdieu (1974), os indivíduos formados em uma determinada escola, em função daquela experiência comum, partilham um certo espírito literário ou científico e estão predispostos a manter entre si uma relação de cumplicidade. Os sujeitos adquirem na escola não apenas um discurso e uma linguagem comum mas, também, terrenos de encontro, problemas semelhantes e formas comuns de abordar esses problemas. Nesse sentido, a escola é uma formadora de *habitus*[11].

Portanto, o arbitrário cultural transmitido por um curso superior tende a gerar um sistema de disposições que se traduzem em práticas que possibilitam a reprodução e/ou a transformação do meio social inclusivo. O *habitus* contraído na escola não é independente, porém, daquele que foi adquirido na família, este um *habitus primário* característico de um grupo ou de uma classe e que se encontra no princípio da aquisição de outros.

É sobre um conjunto de crenças e esquema de percepção recebido no ambiente familiar que os trabalhadores-estudantes da Pedagogia irão superpor os novos conhecimentos adquiridos. Esses alunos são, em grande parte, filhos de operários de uma região cuja classe trabalhadora escreveu uma história de lutas e enfrentamentos para a conquista de direitos. De outro lado, o Departamento de Pedagogia, como um *coletivo*, buscou um conteúdo crítico e um sentido transformador para os seus programas de cursos, para as suas práticas na sala de aula, na relação com os demais departamentos e na abordagem das questões institucionais.

Certamente, os jovens e adultos trabalhadores do curso de Pedagogia não poderiam constituir o que Martins (1988, p. 174) denominou a *inteligência disciplinada*, produzida pelas empresas culturais.

Logo nos primeiros anos de vida da Instituição ouvimos as

vozes desses alunos, *denunciando a exploração dos trabalhadores, o imperialismo, o Acordo MEC-USAID, o Governo Autoritário*[12].

Os alunos da FAFIL não estavam isolados, mantinham contato com os da Faculdade de Economia (FAECO), a USP, a PUC e a FEI (Faculdade de Engenharia Industrial).

Uma chapa da esquerda ganhou as eleições para o Centro Acadêmico da FAFIL. Dela fizeram parte alunos que posteriormente iniciaram carreira acadêmica na Faculdade e nela permaneceram.

No ano de 1968, o Estado Autoritário desencadeou intensa repressão sobre diferentes setores da sociedade brasileira, entre eles o ME (Movimento Estudantil). É nesse contexto que, após assembléia realizada na FAFIL, quatro alunas foram presas durante panfletagem que dezenas de estudantes da FAFIL e da FAECO faziam, denunciando a exploração que sofriam os trabalhadores. Dentre elas, três eram do curso de Pedagogia e uma do curso de Ciências Sociais. Seguiram-se as idas mensais à Auditoria Militar e a condenação a seis meses de prisão, cumpridos na Tiradentes.

Nada ficou registrado na Instituição sobre o ocorrido. Apenas um informe do Inspetor Federal lavrado em maio de 68: *Compareci. A crise estudantil resolvida. Falta apenas regularização das contas do Centro Acadêmico*[13].

Em dezembro de 68, cai sobre a sociedade brasileira o Ato Institucional nº 5 (AI-5) e um silêncio mortal nos corredores e salas da FAFIL.

Os estudantes voltaram a se manifestar em 69, quando, primeira turma já formada, a Faculdade não havia sido ainda reconhecida pelo MEC. Um processo longo, com muitas idas e vindas, atritos entre mantenedora, alunos, direção da FAFIL, até que o reconhecimento é formalizado no ano de 1972 e os primeiros diplomas são expedidos[14].

Os estudantes, ainda em 71, denunciavam a dissolução da assembléia por força policial no campus, *quando discutiam problemas internos, nível de ensino, salários dos professores e o preço abusivo das taxas de serviço. Também, a nossa participação, juntamente com as outras faculdades no Dia Nacional da Luta, em nome das liberdades democráticas. Um aluno pediu ainda ao jornalista: Ah... Por favor, não se esqueça de escrever que até os murais do pátio estão em recesso, pois todas as notícias por nós ali colocadas são queimadas pelos guardas da escola.* (Diário do Grande ABC, 07 junho/71).

Os anos 80 não só trouxeram os ares da redemocratização como a intensa mobilização dos estudantes-trabalhadores da FAFIL: ao lado dos trabalhadores do ABC nas gigantescas manifestações da Vila Euclides, da Praça Matriz de São Bernardo do Campo, das passeatas. No interior da FAFIL, as greves, os boicotes ao pagamento das mensalidades, a cobrança da dívida que a Prefeitura Municipal de Santo André mantinha com a Fundação, as passeatas até à casa do prefeito Newton Brandão para fazer aquela cobrança, as idas à Câmara Municipal de Santo André para denunciar o descaso, a incompetência do poder público local na gestão da *coisa pública*, a luta contra as tentativas de privatização das faculdades mantidas pela FSA. Também, a denúncia da falta de diálogo de professores, a inadequação de programas e mesmo o boicote às aulas. Um episódio dessa natureza resultou na expulsão em 1983 de um aluno da escola, seguida de recurso judicial e manifestações de revolta dos alunos[15].

Sucessivas edições do jornal local de maior prestígio, Diário do Grande ABC, no período alcançado por esta pesquisa, abordam as questões institucionais da Fundação Santo André e noticiam as manifestações de seus alunos[16].

A FAFIL formou, ao longo desses anos, expressivas lideranças que militam nas organizações e sindicatos de professores das redes públicas municipais e estaduais e da rede privada de escolas do Grande ABC.

Um contingente expressivo de professores, orientadores e administradores escolares mantém com a FAFIL *uma relação de pertencimento* e em função dela se expressam nas atividades e reivindicações do cotidiano profissional.

Enfim, uma inteligência pouco disciplinada!

Protesto dos alunos da FAFIL no ato de inauguração do Núcleo Universitário da Fundação Santo André.

Capítulo V – PERSPECTIVA GENERALISTA, TECNICISMO E PROJETO HISTÓRICO-CRÍTICO: POSSIBILIDADES NA FORMAÇÃO DE PROFESSORES NO CURSO DE PEDAGOGIA NA FAFIL: 1966-1990

O curso de Pedagogia[1] foi criado no país como conseqüência da necessidade de preparo de docentes para a escola secundária. Surgiu junto com as licenciaturas, instituídas ao ser organizada a antiga Faculdade Nacional de Filosofia, da Universidade do Brasil, pelo Decreto-lei nº 1190 de 1939. Essa faculdade tinha finalidade dupla: formar os bacharéis e licenciados para várias áreas, entre elas a pedagógica. A fórmula seguida era a que ficou conhecida como "3+1", na qual as disciplinas de natureza pedagógica (duração de um ano) apareciam justapostas às disciplinas de conteúdo (duração de três anos).

Uma formação de caráter generalista – 1966-1969

O curso teve início na FAFIL, com a criação de uma *Seção de Pedagogia*, com a finalidade de formar um pedagogo generalista. Disciplinas como Filosofia, História e Sociologia estavam concentradas no 1º e 2º anos, e as disciplinas para uma formação mais específica, no 3º e 4º anos. Além dessas disciplinas, havia uma série de outras, da área de Psicologia, ao longo dos quatro anos de curso, evidenciando uma tendência existente no país à época.

Tal currículo trazia como preocupação a formação de técnicos de educação, campo profissional muito vaga quanto às suas funções e não só em nível da FSA. Para o licenciado, o principal campo de trabalho era o curso normal, um campo que não se constituía numa exclusividade dos pedagogos, uma vez que para ser professor daquele curso bastava o diploma de curso superior, segundo a Lei Orgânica do Ensino Normal.

Esse quadro perdurou no país até 1969 e no Curso de Pedagogia da FSA até 1970.

Currículo da Seção de Pedagogia – 1966-1970

Disciplinas / séries	nº/ aulas semanais
1ª série (matutino e noturno) [1]	
1. Psicologia Geral (I)	04
2. História da Filosofia	04
3. Sociologia Geral	04
4. História da Educação I (Desd.) (Isol.) [2]	04
5. Complementos de Matemática	04
6. Biologia Educacional I (Desd.)	04
2ª série (matutino)	
1. História da Educação II (Desd.)	04
2. Economia (A)	02
3. Biologia Educacional II (Desd.) (Isol.)	04
4. Psicologia Geral	04
5. Estatística Geral (Isol.)	04
6. Administração Escolar I (Desd.) (Isol.)	02
7. Sociologia Educacional (Isol.)	04
3ª série (matutino)	
1. Psicologia da Personalidade	04
2. Psicologia da Infância e Adolescência	04
3. Administração Escolar II (Desd.)	04
4. Economia (A) (Isol.)	02
5. Sociologia Educacional	04
6. Estatística Aplicada (Isol.)	04
7. Métodos e Técnicas I (Desd.) (Isol.)	02
8. Educação Comparada	04

4ª série (matutino)	
1. Métodos e Técnicas I (Desd.)	04
2. Biologia Educacional II (Desd.) (Isol.)	02
3. Prática de Ensino (Isol.)	04
4. Mét. e Téc. II (R.A.V.) (Desd.)	02
5. Psicologia da Aprendizagem (Isol.)	04
6. Teoria e Prát. Da Esc. Primária (A)	02
7. Teoria e Prát. do Ens. Médio	02
8. Mét. e Téc. I (T.C.) (Desd.)	04
9. Orientação Educacional (A)	04

Fonte: Relatórios Anuais do período 1966-1970 da Faculdade Municipal de Filosofia, Ciências e Letras de Santo André. Vol. II .

[1] Uma turma noturna teve início no ano de 1969.
[2] Desd.: disciplina desdobrada e Isol.: disciplina isolada.

O quadro até aqui descrito perdurou (com alguns poucos retoques na sua estrutura) até que, cumprindo o que acabava de determinar a Lei nº 5540/68, foi abolida a distinção entre bacharelado e licenciatura. A concepção dicotomizada do modelo anterior permaneceu, agora assumindo uma feição diversa: o Curso foi dividido em dois blocos de disciplinas, distintos e autônomos: as disciplinas dos chamados *fundamentos da educação* e aquelas das *habilitações específicas*.

O Curso de Pedagogia passou a ser predominantemente formador de especialistas em educação (supervisor escolar, orientador educacional, administrador escolar, inspetor escolar, etc.), continuando a oferecer, agora na forma de *habilitação*, a licenciatura *Ensino das atividades práticas dos cursos normais*, com a possibilidade ainda de uma formação para o magistério nos primeiros anos do ensino fundamental.

O Início das Habilitações – 1970-1974

O curso oferecido na FAFIL mudou de quatro para três anos de duração, formando especialistas em Orientação Educacional, Administração Escolar e o licenciado para as disciplinas pedagógicas dos cursos normais. O currículo passou a se caracterizar por uma pulverização de disciplinas, pois além da introdução das habilitações e de exigências de disciplinas e cargas horárias a serem cumpridas por razões legais, havia também se colocado a necessidade de compactar todo o currículo em três anos[2].

As disciplinas voltadas para a formação de caráter mais geral estavam presentes apenas no 1º ano do curso. A habilitação para o magistério apresentava, ao longo de seus dois anos, a disciplina Psicologia, uma forte carga das chamadas Práticas do Ensino e o surgimento da disciplina Estrutura e Funcionamento do Ensino, nascida sob a égide da ditadura, assim como a disciplina Estudos de Problemas Brasileiros, esta com um caráter de obrigatoriedade para todos os cursos, do 2º grau à Pós-graduação.

Uma análise dos planos de ensino[3] do curso de Pedagogia apontou o privilegiamento da dimensão técnica do processo de formação de professores e especialistas. Exceção foi localizada nos planos de ensino das disciplinas específicas da Habilitação em Orientação Educacional, que apresentava forte vínculo com a Psicologia, é verdade, mas contemplava disciplinas e conteúdos mais abrangentes, tais como os propostos para Antropologia Pedagógica e Psicologia Social.

A habilitação em Administração Escolar apresentava tendência voltada mais para a burocratização e compunha-se, para além das específicas, com as disciplinas: Economia da Educação, Processamento de Dados e Legislação.

Currículo do curso de Pedagogia – FAFIL – 1970-1974

SEÇÃO PEDAGOGIA	
Disciplinas / séries	nº/ aulas semanais
1º Básico (matutino e noturno)	
1. Psicologia da Educação I	04
2. Biologia Educacional I	02
3. Sociologia Geral	04
4. História da Educação I	04
5. Didática I	04
6. Filosofia da Educação I	02
7. Complementos de Matemática	02
8. Estudo de Problemas Brasileiros	02
9. Educação Comparada	04
2ª série – Magistério (matutino e noturno)	
1. Sociologia da Educação	04
2. Psicologia da Educação II	04
3. História da Educação II	04
4. Filosofia da Educação II	02
5. Biologia Educacional II	02
6. Medidas Educacionais	02
7. Estr. e Func. do Ensino de 1º Grau	02
8. Administração Escolar de 1º Grau	02
2ª série – Administração Escolar	
1. Estatística Aplicada à Educação I	02
2. Legislação do Ensino	02
3. Princípio e Mét. de Admin. Escolar	02

2ª série – Orientação Educacional	
1. Princípio e Mét. da Orientação Educacional I	02
2. Antropologia Pedagógica	02
3. Estatística Aplicada à Educação I	02
3ª série – Magistério (matutino e noturno)	
1. Met. do Ensino de 1º Grau	02
2. Prát. do Ensino na Escola de 1º Grau	02
3. Prát. do Ensino na Escola de 2º Grau	02
4. Psicologia da Educação III	02
5. Técnicas Audiovisuais	02
6. Estr. e Func. do Ensino de 2º Grau	02
3ª série – Administração Escolar	
1. Processamento de Dados	02
2. Princ. Mét. Admin. Escolar II	02
3. Economia da Educação	02
4. Estatística Aplicada à Educação II	04
3ª série – Orientação Educacional	
1. Princ. Mét. da Orientação Educacional II	02
2. Orientação Vocacional	02
3. Psicologia Social	02
4. Introdução a Psicopedagogia	02
5. Psicologia da Personalidade	02

Fonte: "Pasta dos Currículos" – Secretaria da Faculdade de Filosofia, Ciências e Letras de Santo André (1971).

Os conteúdos programáticos dos planos de ensino e os próprios instrumentos utilizados para a avaliação do rendimento escolar[4] indicavam uma concepção de formação docente, centrada no *treinamento*.

Nessa perspectiva, *"o professor era concebido como um organizador dos componentes do processo de ensino-aprendizagem (objetivos, seleção de conteúdo, estratégias de ensino, avaliação, etc.) que deveriam ser rigorosamente planejados para garantir resultados instrucionais altamente eficazes e eficientes"*. (CANDAU, 1982). Segundo a autora, na primeira metade da década de 70, os estudos sobre a formação docente apresentavam-se fortemente marcados pelas influências da psicologia comportamental e da tecnologia educacional.

Feldens (1984, p. 17) endossa a análise feita por Candau, afirmando que nessa época havia uma visão funcionalista da educação, em que a *"experimentação, racionalização, exatidão e planejamento tornaram-se as questões principais na educação dos professores"*.

A partir da segunda metade da década de 70, iniciou-se no campo da formação de professores, um movimento de oposição e rejeição aos enfoques técnico e funcionalista predominantes até o momento. Nessa época, de acordo com Candau (1982), por influência de estudos de caráter filosófico e sociológico, a educação passa a ser vista como uma prática social em íntima conexão com o sistema político e econômico vigente. A partir dessa concepção, a prática dos professores deixa de ser considerada neutra e passa a constituir-se em uma prática educativa transformadora. Segundo Feldens (1984), as teorias sociológicas, que concebiam a escola como reprodutora das relações sociais, chegaram às universidades, aos centros de formação de professores do país, no mesmo período. Apesar de serem um elemento importante para a compreensão dos problemas do ensino e da formação docente, essas teorias possuíam também seus limites. A escola passa a ser vista como um espaço de contradições, em que novas idéias e mudanças podem ser iniciadas.

Nos últimos anos da década de 70, *"as licenciaturas eram estudadas fundamentalmente nos seus aspectos funcionais e operacionais. Emerge com força a busca para situar a problemática educacional, a partir de e em relação com os determinantes históricos e político-sociais que a condicionam"*. (CANDAU, 1987, p. 37).

Formação de Especialistas e Tecnicismo – 1975-1986

No curso de Pedagogia da FAFIL, aqueles estudos e as reflexões deles decorrentes estavam ausentes. O curso retornou à duração de quatro anos e continuou oferecendo as mesmas habilitações, devendo o aluno fazer a opção por Orientação Educacional ou Administração Escolar no 4º ano, uma vez que Magistério das Disciplinas Pedagógicas de 2º grau era uma habilitação obrigatória. Ficou evidenciada uma forte tendência tecnicista através da introdução das disciplinas Técnicas de Ensino Individualizado e Tecnologia da Educação. A área de Didática dividiu-se em: Didática, Dinâmica de Grupo e Avaliação do Rendimento Escolar. Foi acrescentada ao currículo, a disciplina Treinamento e Desenvolvimento de Pessoal.

Uniu-se, desta forma, a racionalização do curso, já apontada, com um determinado tipo de conhecimento, completando o que Luiz Antonio Cunha caracterizou como *visão taylorista da educação*.

As habilitações em Administração Escolar e Orientação Educacional não mudaram em relação à concepção anterior, mas tornaram-se esvaziadas com a saída das disciplinas Processamento de Dados e Antropologia Pedagógica, respectivamente.

Currículo do Curso de Pedagogia: 1975-1986
(Licenciatura Plena – Resol. n. 2/69 – CFE)

Descrição	Carga Horária Anual			
Disciplinas procedentes das Matérias Obrigatórias	1ª s	2ª s	3ª s	4ª s
Sociologia Geral	4/120	-	-	-
Sociologia da Educação	-	4/120	-	-
Psicologia da Educação	4/120	4/120	-	-
Psicologia da Personalidade	-	-	2/060	-
Psicologia Social	-	-	2/060	-
História da Educação	4/120	2/060	-	-
Filosofia da Educação	4/120	2/060	-	-
Didática	-	2/060	4/120	-
Dinâmica de Grupo	-	-	-	4/120
Disciplinas Obrigatórias da Habilitação Magistério das Matérias Pedagógicas do 2º Grau				
Metodologia do Ensino de 1º e 2º Graus	-	2/060	4/120	-
Prática de Ensino na Escola de 1º Grau	-	2/060	-	-
Prática de Ensino na Escola de 2º Grau	-	-	2/060	-
Disciplinas Obrigatórias da Habilitação Administração Escolar para Exercício nas Escolas de 1º e 2º Graus				
Princípios e Métodos de Administração Escolar	-	-	-	4/120
Legislação de Ensino	-	-	-	2/060

Administração e Processo Educacional	-	-	-	4/120
Estatística Aplicada à Educação	2/060	2/060	4/120	-
Disciplinas Obrigatórias da Habilitação em Orientação Educacional				
Princípios e Métodos de Orient. Educacional	-	-	-	4/120
Introdução à Psicopedagogia do Excepcional	-	-	-	2/060
Orientação Vocacional	-	-	-	4/120
Medidas Educacionais	-	-	-	2/060
Disciplinas Obrigatórias para as três Habilitações				
Estrutura e Funcionamento do Ensino de 1º Grau	4/120	-	-	-
Estrutura e Funcionamento do Ensino de 2º Grau	-	2/060	-	-
Disciplinas Complementares				
Biologia Educacional	2/060	-	-	-
Desenvolvimento de Projeto	-	-	-	4/120
Disciplinas Obrigatórias por Lei ou Decreto				
Estudo de Problemas Brasileiros	-	-	2/060	-
Educação Física	2/060	2/060	2/060	2/060
Prática de Ensino sob a forma de Estágio Supervisionado na Habilitação em Magistério das Matérias Pedagógicas do Segundo Grau (180 h/a)				
Filosofia da Educação	024			
História da Educação	024			
Sociologia da Educação	024			

Psicologia da Educação	024			
Didática	024			
Estrutura e Funcionamento do Ensino de 1º e 2º Graus	030			
Metodologia do Ensino de 1º Grau	030			

Fonte: Regimento da Faculdade de Filosofia, Ciências e Letras de Santo André

É preciso lembrar que, na década de 80, a denominada *década perdida*, a rejeição à visão de educação e formação de professores, marcadas pela *neutralidade* e pela *instrumentalização técnica*, ganhou força. A tecnologia educacional passou a ser fortemente questionada pela crítica de cunho marxista. Essa tendência reagiu violentamente à forma isolada e desvinculada de aspectos político-sociais, pela qual a formação docente fora tratada até a década anterior[5].

De acordo com Santos (1992), o debate sobre a formação do educador privilegiou, nos primeiros anos da década de 80, duas questões centrais: o caráter político da prática pedagógica e o compromisso do educador com as classes populares.

Candau (1987, p. 37) considera que essa mudança de enfoque expressou *"o próprio movimento da sociedade brasileira de superação do autoritarismo implantado a partir de 1964 e de busca de caminhos de redemocratização do país"*.

Foram vários os temas colocados no debate sobre a formação de professores. Dentre eles, ganharam relevância: o delineamento do quadro negro da educação brasileira (denúncia da crise educacional brasileira e a concomitante defesa de melhores condições de trabalho e salários dignos para os professores); a lógica da empresa produtiva que se fazia presente no sistema de ensino; *sobre a identidade do trabalho do docente: bico, vocação ou profissão? Ainda: a função mediadora da educação escolar na prática social* (discussão praticamente inexistente nos anos anteriores).

É ressaltada assim, no período indicado, a importância do processo de conscientização da parte do professor, da função da escola na transformação da realidade social dos seus alunos e da clareza sobre a necessidade da prática educativa estar associada a uma prática social mais global.

A *concepção sócio-histórica de educador*, definida pelo movimento de educadores, afirma uma formação de caráter amplo, com pleno domínio e compreensão da realidade de seu tempo, com a consciência crítica que possibilite a esse educador interferir e transformar as condições da escola, da educação e da sociedade, um

> educador que, enquanto profissional do ensino [...] tem a docência como base de sua identidade profissional, domina o conhecimento específico da sua área, articulado ao conhecimento pedagógico, em uma perspectiva de totalidade do conhecimento socialmente produzido que lhe permita perceber as relações existentes entre as atividades educacionais e a totalidade das relações sociais, econômicas, políticas e culturais em que o processo educacional ocorre, sendo capaz de atuar como agente de transformação da realidade em que se insere. (CONARCFE, 1989).

A esse debate não se furtaram os professores e alunos do curso de Pedagogia da FAFIL: uma discussão ampla se instalou no âmbito do Departamento de Educação e que não se estendeu às demais licenciaturas, é preciso assinalar.

Durante a realização da Semana de Pedagogia (1984) foi criado um ESPAÇO LIVRE, no qual alunos e professores manifestaram o que pensavam sobre o curso. Da parte dos alunos foi constatada uma insatisfação geral: "defasagem do curso em relação ao mercado de trabalho"; "cobrança de uma maior ligação do curso com a realidade educacional mais geral e com a própria realidade dos alunos que apresentam muitas dificuldades"; "indefinição dos objetivos do curso. É só teórico? É só para formar mão-de-obra? É só para pesquisar?". Ainda, a observação de que "faltava integração entre alunos, professores e os conteúdos das disciplinas".

Os professores, por sua vez, apontaram: "dificuldade dos alunos com leitura, interpretação de textos e redação"; "deficiências conceituais (história, economia, sociologia, filosofia...)"; "os alunos estão mais sensíveis às questões que estão colocadas para a sociedade como um todo, tais como: salários baixos, inflação"; "as críticas ao curso são ainda não-articuladas; há um prenúncio de que começam a sair das críticas feitas aos professores, individualmente, para críticas à estrutura do curso: programas de diferentes disciplinas se repetem, no curso só há teoria, não há prática; no 1º e 2º anos são cobradas leituras, no 3º, os alunos ficam perdidos...".

O Departamento, em documento datado de 1986 – *Propostas Alternativas*, concluiu que

> havia necessidade de repensar o curso, especialmente para os anos de 1985 e 1986, considerando os anos de transição para a implantação de uma nova proposta que tentou levar em conta, de maneira precária, mas com seriedade, as questões levantadas pelos alunos. Assim, considerou-se fundamental pensar os planos de ensino de maneira conjunta, de forma a integrar pelo menos algumas disciplinas [...] Desta maneira, levando em conta a precariedade de tempo dos professores, todos horistas, optou se por tentar fazer essa integração com os conteúdos das disciplinas dos 1º ano. (Idem pp. 13 e 14).

Para a implementação da proposta de integração definida ficou decidido que

> a) os conteúdos deveriam estar voltados para as questões vividas pelos alunos, conforme solicitação (essas disciplinas tiveram como preocupação a realidade brasileira);
>
> b) trabalhar uma visão crítica das questões e uma visão não linear da História e dos problemas vividos, abordando o processo e não fatos isolados... (Idem, pp. 15 e 16).

Esses acontecimentos marcaram o momento a partir do qual começam a se explicitar de maneira mais articulada, no âmbito do Departamento, posições mais progressistas e com um caráter mais amplo que o exclusivamente pedagógico. O Departamento considerou ainda, de antemão, que não buscava uniformidade de propostas e sim que *sejamos capazes de trabalhar com diferentes perspectivas de educação mas que sejam elas constantemente discutidas e refletidas por todos, inclusive os alunos do curso.*

Formação de Especialistas e a busca de alternativas: a disputa por um projeto histórico-crítico – 1987-...

O currículo a que se chegou após as discussões[6] seguiu o esquema "3+1" (três mais um), já implantado na FSA, porém com alterações significativas: fim do parcelamento da disciplina Didática, com a exclusão das disciplinas Técnicas de Ensino Individualizado, Tecnologia da Educação e Avaliação do Rendimento Escolar. Também desapareceu do currículo a disciplina Treinamento e Desenvolvimento de Pessoal. Disciplinas estas, com características marcadamente tecnicistas, conforme verificado na análise dos respectivos planos de ensino.

Há indícios de combinação entre dispositivos legais e os interesses de alunos e professores do curso, justificando o aumento da carga horária das chamadas *disciplinas de formação geral*: História da Educação e Filosofia da Educação.

Foi introduzida a disciplina Administração e Processo Educacional como resultado de uma visão do administrador escolar como *agente* ativo no processo educacional, caracterizando sua ação como *pedagógica* e não mais como uma função técno-burocrática.

Na tentativa de melhor dimensionar a relação teoria e prática, foi incluída uma disciplina – Desenvolvimento de Projetos, com um caráter integrador, uma vez que o curso já vinha, há algum tempo, trabalhando com a análise de questões relativas à pesquisa em educação e às relações teoria prática, numa perspectiva de superação do que Donald Schon (apud SANTOS, 1992, p. 140) denominou *modelo de racionalidade técnica*[7].

De acordo com o autor, um dos equívocos do modelo citado é a sua centralidade na questão da solução de problemas. Mais importante, segundo ele, é a *própria estruturação dos problemas*, uma vez que estes não se apresentam aos profissionais da educação já definidos ou dados. Schon põe em relevo o papel da *reflexão* na prática profissional:

> Através da prática da reflexão-em-ação, o profissional, diante de uma situação que ele não pode converter em um problema gerenciável, poderá chegar a soluções depois de construir uma nova forma de estruturar o problema. (Idem, p. 142).

Assim agindo, o profissional reflete na ação, torna-se um pesquisador no contexto prático; ele não separa o pensar do fazer, elaborando uma decisão a qual mais tarde converterá em ação. É privilegiada a formação de um *profissional reflexivo*, cuja atividade profissional se alia à atividade de pesquisa.

O início dos anos 90 será marcado pela defesa da formação de um *professor-investigador*, com objetivo de articular teoria e prática pedagógica, pesquisa e ensino, reflexão e ação didática.

Julgamos importante recuperar as considerações de dois professores do Departamento de Ciências Humanas, datadas de 21 de novembro de 1969, em reunião do colegiado[8]. *Seguiu-se uma série de ponderações dos Senhores Carlos Galante e Luiz Mauro Rocha a respeito da importância e indispensabilidade da Matemática na formação do cientista e pesquisador.*

Também muito significativas são as considerações dos professores da Seção de Pedagogia para justificar a saída das disciplinas Matemática e Estatística do currículo naquela ocasião: Zilda Augusto Anselmo (Didática) mencionou o *reforço na formação matemática a ser propiciado aos estudantes de grau médio, graças à reforma recente desse grau de ensino*; Maria Helena Steiner (Psicologia) lembrou que a *pesquisa é preocupação curricular própria de nível de pós-graduação*. O professor Teófilo de Queiroz Junior (Sociologia) assinalou ser a *clientela dos cursos de pedagogia formada, em grande parte, por diretores, inspetores e professores do ensino primário que demandam o curso para atualizar seus conhecimentos específicos e para se credenciarem a novos concursos. Lembrou o professor, ainda, que a organização do ensino em nosso Estado centraliza as pesquisas dos problemas educacionais em mãos de órgãos específicos, aos quais não costumam ter acesso direto os estudantes e docentes ou administradores do quadro do ensino primário ou médio.*

Esta preocupação com a produção do conhecimento, manifesta por alguns poucos professores[9], voltou neste novo currículo do curso de pedagogia da FAFIL, indicando uma outra tendência marcada pela busca na formação de um professor-pesquisador compromissado com a escola pública, tendência essa que viria a se explicitar nos anos 90, com reflexos significativos nas práticas do Departamento de Educação.

Concluindo, podemos afirmar que a estrutura curricular do curso de Pedagogia vigente no final do período 1966-1990 teve a sua origem no período autoritário pelo qual passou a educação brasileira, apresentando-se, ainda, como *uma camisa de forças*, na medida em que a maior parte das disciplinas componentes são aquelas *obrigatórias* por lei e assim definidas pelo Parecer CFE n. 252/69, incorporado à Resolução CFE n. 2/69, que fixou os mínimos de conteúdo e duração a serem observados na organização do curso em análise. Resta ainda mencionar que a disciplina Estudos de Problemas Brasileiros permaneceu no currículo do Curso (e nos das outras licenciaturas) por um período considerável, após o seu "banimento" oficial. O fato se deu em razão de questões administrativas e funcionais no interior do departamento de origem da disciplina, o Departamento de Ciências Sociais. O Departamento de Educação excluiu, numa tomada de posição unilateral, a disciplina Estudos de Problemas Brasileiros do currículo do curso de Pedagogia[10].

O percurso realizado buscou apontar as modificações na concepção da formação de professores oferecidas pela análise da literatura educacional ao mesmo tempo que procurava verificar como é que elas (as modificações) ocorreram no âmbito do curso de Pedagogia da FAFIL. De um professor, transmissor de conhecimentos, neutro, preocupado com o seu aprimoramento técnico, caminhamos para a formação de um agente político, comprometido com a transformação social das camadas populares. Sem perder de vista esta dimensão, o Departamento privilegiou na última década a visão do professor como profissional reflexivo, que pensa-na-ação e cuja atividade deve estar, necessariamente, aliada à pesquisa.

CONSIDERAÇÕES FINAIS

A apresentação feita no início deste trabalho aponta para o fato de que a expressão "Universidade Brasileira", usada para nomear os centros de ensino e de produção de conhecimento, é inadequada para referir-se à totalidade desse sistema, uma vez que não abriga a realidade heterogênea em que se encontra. Esta expressão só se aplica a determinadas instituições, geralmente as *públicas*, que constituem parcela menor do ensino superior brasileiro.

A Faculdade de Filosofia, Ciências e Letras de Santo André nasce com a perspectiva de inserção nesse grupo, uma "uspinha". Porém, a sua trajetória a vai afastando dele: ausência de pesquisa e produção de conhecimento; aumentos constantes e abusivos, muitas vezes, das anuidades escolares; classes numerosas; restrição à livre manifestação e circulação de idéias, professores horistas.

Por outro lado, no seu interior e por ação de um conjunto de professores e alunos foi possível a constituição de projeto alternativo que possibilitou aos seus trabalhadores-estudantes, um ensino de qualidade, garantindo também, que esse alunado, majoritariamente formado por filhos de famílias operárias da Região, pudesse ter acesso e concluir um curso superior.

É evidente que essa trajetória não se fez sem embates e disputas com outros projetos, muitos deles de cunho privatista, outros, resultantes de ação política menor de governantes, descompromissados com a escola pública para todos.

O Departamento de Educação da FAFIL, a partir dos anos 80, foi assumindo um papel central na constituição de um projeto alternativo, quando procurou, cada vez mais, explicitar suas posições diante da comunidade acadêmica e da Administração Central da Instituição, não se furtando a trabalhar os conflitos. Ao fazê-lo deparou-se com dificuldades externas, que se por um lado impediram um avanço, por outro reforçaram a consciência que foi tomando sobre si mesmo. Foi se constituindo assim, em um *coletivo*.

A inexistência das condições que caracterizam as escolas *públicas*, levou o Departamento de Educação a trabalhar em nível de *alternativas* e ele o fez, buscando atender às características e reivindicações dos seus trabalhadores estudantes. Naquele momento, essa característica, *aluno trabalhador*, foi tomada como uma *idealização*, como indicadora de um grupo homogêneo e uniforme.

É preciso que o Departamento de Educação vá a fundo nessa questão, sendo capaz de reflexão/ação sobre as mutações que ocorreram no mundo do trabalho e, por decorrência, nas que ocorreram no seu próprio alunado.

O aluno de Pedagogia, presente no Censo realizado no início dos anos 90, não pode ser considerado como um trabalhador da indústria. Ele vem do setor de serviços, setor no qual o emprego é precário, os benefícios sociais e trabalhistas quase inexistentes e o desassalariamento é uma regra.

Ao término do período alcançado por este trabalho de pesquisa foi possível observar indícios de que uma nova tendência, voltada para a *produção de conhecimento*, está em gestação no curso de Pedagogia. Nos anos vindouros, tal proposta, se efetivada, baterá de frente, com certeza, com a estrutura de escola superior vigente na Instituição.

POSFÁCIO

> Le fil que liait Thésée à Ariane lui avait permis de retrouver la sortie du labyrinthe. Ce qui sauve Thésée c'est le fil que le rattache à Ariane, c'est-à-dire, à une femme, à l'amour, à la mémoire, à l'humanité non barbare. Et si tu tranches ce fil, même si tu as tué le Minotaure, tu ne sors plus du labyrinthe.
>
> *Gay, Martin*[1]

O trabalho de Marli Pinto Ancassuerd revela que na história da Fundação Santo André há um fio semelhante àquele que liga Teseu a Ariadne. São valores e princípios nunca abandonados numa luta ainda não vitoriosa. Intermitente, retomada à moda de Sísifo, a defesa da natureza pública e de um projeto que vise à qualidade do ensino são esse fio que sempre resta como legado de espasmos mais ou menos vigorosos de um movimento permanente na Instituição. Também, de diferentes formas e intensidades, nela o "Minotauro" aparece e/ou se recria o que, em parte, explica e é explicado pelo labirinto e fragilidade que envolvem o movimento, que não supera a visão privada e patrimonialista, igualmente presentes na Instituição e que dão vida ao monstro.

Com a pertinência de quem viveu o processo, assumindo a condição de investigadora militante, Marli Pinto Ancassuerd apresenta as tentativas de um projeto de qualidade na trajetória de formação de professores pelo Departamento de Educação da Faculdade de Filosofia, Ciências e Letras de Santo André (FAFIL), marcado pela referência a um "aluno-trabalhador", sujeito concreto que ascende aos bancos escolares das escolas públicas na região e chega à Universidade.

Ao eleger esta referência, a proposta de certa forma contribui para reviver o "Minotauro". Não só no curso de Pedagogia mas no conjunto da FAFIL, a opção por este sujeito, nomeado pela composição de um par indivisível de situações que nele se juntam singularmente – aluno e trabalhador - subverte uma determinada ordem presente no projeto da primeira unidade criada, originalmente apenas como Faculdade de Ciências Econômicas, para "formar intelectuais capazes de lidar com as técnicas que as empresas nacionais e estrangeiras importavam" (ANCASSUERD, 2008:15).

A contradição entre público e privado, entre o projeto de criação, em 1954, e o projeto e atendimento que se passa a praticar com a implantação da Faculdade de Filosofia, nos anos 60, é também origem do "Minotauro". A gratuidade deixou de existir em 1964 e a defesa de sua natureza pública, isto é, da proposta de uma determinada condição de atendimento e de funcionamento são assumidas como bandeiras e antídoto ao monstro. Mas a dosagem desse antídoto importa, pois há que se sair da condição de um projeto para a prática, de fato, da natureza pública que garanta o acesso e a permanência desse aluno-trabalhador numa proposta pedagógico de qualidade e marcada pela democracia.

O movimento de alunos e professores de 2007-2008, com a força do coletivo acadêmico da FAFIL e de parte de suas outras unidades atuais – Faculdade de Ciências Econômicas e Administrativas e Faculdade de Engenharia – trouxe de novo o antídoto e mais uma vez o "Minotauro", ressurgido nos últimos anos, foi morto. Resta, no entanto, saber se desta vez a quantidade de antídoto trazida fará a Instituição sair do labirinto, se seus professores e alunos querem e se têm forças para manter o fio que os liga ao projeto público que, de fato, se ultrapasse o cume da montanha onde novos horizontes impeçam o renascimento do monstro e superem de vez o movimento de Sísifo. Os quarenta e seis anos da Fundação Santo André, presentes na pesquisa de Marli Pinto Ancassuerd sobre a trajetória do Departamento de Educação de sua Faculdade de Filosofia, Ciências e Letras, mostram que não basta matar o monstro é preciso sair do labirinto!

Sônia Maria Portella Kruppa

BIBLIOGRAFIA

I – FONTES PRIMÁRIAS E EQUIVALENTES

SANTO ANDRÉ. Projeto de Lei nº 74-6-62.
_____. Lei nº 1840/62.
_____. Lei nº 2205/64.
_____. Lei nº 2495/66.
_____. Lei nº 3193/69.
_____. Prefeitura do Município. Sumário de Dados, 1993 e 1996.
_____. Prefeitura Municipal. Projeto VIVACIDADE. Coordenadoria de Planejamento. Subsídios históricos. Área 2-1990.
_____. Anais da Câmara Municipal: 1965/1990.
_____. Diário do Grande ABC (1972-1990).

FUNDAÇÃO SANTO ANDRÉ. Estatuto, 1962.
_____. Estatuto, 1974.
_____. Of. nº 96/66, nº 68. Pasta: Correspondência Recebida nº 1 (FAFIL).
_____. Resolução Conselho de Curadores nº 15/71.
_____. Relatórios/ Vestibulares – COPEVE 1972, 74, 75, 80.
_____. Anuário/ 1972.
_____. I Censo do Alunado – 1990.
_____. Processo de Demissão dos Professores, Marilena Nakano, Marli Pinto Ancassuerd e Gilberto de Andrade Martins, 1988.

FACULDADE DE FILOSOFIA, CIÊNCIAS E LETRAS DE SANTO ANDRÉ. Regimento, 1969.
_____. Processo 819/70. Reconhecimento da FAFIL (Decreto nº 70.379 de 07 de abril de 1972).
_____. Livro de Termos de Visitas de Autoridades Escolares (1966 1974).
_____. Livro de Atas do Departamento de Ciências Humanas (1966 1971).

_____. Livros de Atas do Departamento de Pedagogia, depois Educação. Livros I, II e III (1972-1990).

_____. Relatórios Anuais – 1966/1970. Volumes 1 e 2.

_____. Ata nº 1 da Egrégia Congregação da FAFIL, de 26 de março de 1966.

_____. Relatório de pesquisa. Alunos do 4º ano de Pedagogia. Fundação Santo André, 28 anos de história. Coord. Maria Elena Villar e Villar, 1990.

_____. Processo nº 6502/90. Proposta para execução de pesquisa – O Estudante-trabalhador do 3º grau.

_____. Doc. fev./91 – O aluno da Fundação Santo André: significado e sentido.

_____. História do Departamento de Educação. Autora: Marilena Nakano, 1991. Mimeo.

DEPARTAMENTO DE EDUCAÇÃO. Doc. Projeto de Reestruturação do Curso de Pedagogia, 14 de dezembro de 1974.

_____. Doc. Curso de Pedagogia. Propostas alternativas, 1984-1986.

_____. Doc. Proposta de Trabalho de 1985.

_____. Doc. Proposta de Trabalho de 1986.

_____. Doc. Proposta de Reformulação Curricular do Curso de Pedagogia. 1985.

_____. Doc. I Congresso da Fundação Santo André. Discussão de alternativas, 1985.

_____. Relatório de Pesquisa – Avaliação – Alunas do 3º ano do Curso de Pedagogia – (iniciado em 1983 e encerrado em 1985).

II – OBRAS DE REFERÊNCIA

ABRAMOVICZ, Mere. 1990. Avaliação da aprendizagem: como trabalhadores estudantes de uma faculdade particular noturna vêem o processo – Em busca de um caminho. Tese de Doutorado, PUC-SP.

ALVES, Sandra Maria da C. 1984. Características dos estudantes do matutino e do noturno do ciclo básico da PUC-SP. Dissertação de Mestrado, PUC-SP.

BOURDIEU, P. 1974. A Economia das Trocas Simbólicas. São Paulo: Perspectiva.

CALDEIRA NETO, João. 1937. Álbum de São Bernardo. São Paulo: Organização Cruzeiro do Sul.

CAMACHO, Thimóteo. 1987. O Centro Popular de Cultura do Sindicato dos Metalúrgicos de Santo André (A Cultura Popular no ABC Paulista no início dos anos sessenta: o CPC da UNE, o Teatro de Arena e o Partido Comunista na "Cidade Operária"). Dissertação de Mestrado. PUC-SP.

CANDAU, Vera Maria F. 1982. A Formação de Educadores: uma perspectiva multidimensional. Em Aberto. Brasília, 1(8): pp. 19-21.

_____. (coord.). 1987. Novos rumos da Licenciatura. Brasília: INEP.

CANUTO, Vera R. A. 1987. Políticos e Educadores: a Organização do Ensino Superior no Brasil. Petrópolis: Vozes.

CASTANHO, Maria Eugênia. 1989. Universidade à noite: fim ou começo de jornada? Campinas: Papirus.

CERTAUX, Michel de. 1994. Andando na cidade. Revista do Patrimônio Histórico e Artístico Nacional. n. 23, pp. 21-37.

CUNHA, Luiz Antonio. 1983. A Universidade Crítica: o Ensino Superior na República Populista. Rio de Janeiro: Francisco Alves.

DIAS, Everardo. 1997. História das Lutas Sociais no Brasil. São Paulo: Alfa Ômega.

FELDENS, Maria das Graças F. 1983. Pesquisa em Educação de Professores: antes, agora e depois? Fórum Educacional, Rio de Janeiro, 7(2), pp. 26-44.

_____. 1984. Educação de Professores: tendências, questões e prioridades. Tecnologia Educacional, Rio de Janeiro, 13(61), pp. 16-26.

FERRETTI, Celso, MADEIRA, Felícia. 1992. Educação/ Trabalho: reinventando o passado. Cadernos de Pesquisa. São Paulo, n. 80, pp. 75-86.

FORACCHI, Marialice M. 1965. O estudante e a transformação da sociedade brasileira. São Paulo: Nacional.

GAIARSA, Octaviano A. 1968. A cidade que Dormiu Três Séculos. Santo André: Bandeirante.

GRAMSCI, Antonio. (1968). Os intelectuais e a organização da cultura. Rio de Janeiro: Civilização Brasileira.

_____. 1989. Maquiavel, a Política e o Estado Moderno. Rio de Janeiro: Civilização Brasileira.

MAGALHÃES, Justino P. 1998. Um apontamento Metodológico sobre a História das Instituições Educativas. Mimeo.

_____. Contributo para a História das Instituições Educativas – entre a Memória e o Arquivo. (s.d.).

_____. Experiências de exploração do Arquivo Histórico de um Liceu. (s.d.).

MARTINS, Carlos B. 1981. Ensino Pago: um retrato sem retoques. São Paulo: Global.

MARTINS, José de Souza. 2000. A Sociabilidade do Homem Simples. São Paulo: Hucitec.

MÉDICI, Ademir, PINHEIRO, Sueli. 1990. 1º de Maio e os Principais Momentos da Luta Sindical em São Bernardo: 1902-1990. PMSBC/SECE (Oficinas Históricas 1).

_____. Histórico de Santo André. Sumário de Dados. PMSA, 1993.

MENDONÇA, Ana Waleska P. C. 2000. A universidade no Brasil. Revista Brasileira de Educação, São Paulo, nº 14, pp. 131-150.

MINDRISZ, Maurício P. 1981. Política Habitacional e Habitação Popular: análise do caso do Município de Santo André. Dissertação de Mestrado. São Paulo: EAESP/FGV.

MONTEIRO, Arlete A. 1995. Santo André: dos primórdios à industrialização. Um estudo sobre os imigrantes ao longo da São Paulo Raylway. Tese de doutorado, Departamento de História da Faculdade de Filosofia, Letras e Ciências Humanas, da Universidade de São Paulo.

MUNAKATA, Kazumi. 1980. O lugar do movimento operário. In Anais do IV Encontro Regional do Estado de São Paulo. ANPUH-UNESP.

NÓVOA, Antonio. 1992. As Organizações Escolares em Análise. Lisboa: Dom Quixote / Instituto de Inovação Educacional.

OLIVA, Aloízio Mercadante (Coord). 1987. Imagens da Luta: 1905/1985. CEDI/ Sindicato dos Trabalhadores nas Indústrias Metalúrgicas, Mecânicas e de Material Elétrico de São Bernardo do Campo.

PAOLI, Maria Célia, SADER, Eder, TELLES, Vera da S. Pensando a classe operária: os trabalhadores sujeitos do imaginário acadêmico (Notas de uma pesquisa). Revista Brasileira de História. 3(6), pp. 129-149.

PASTORE, José, CARMO, João Lopes do. 1973. A mão-de-obra especializada na indústria paulista. São Paulo: USP/FEA/IPE.

PEREIRA, Júlio Emílio D. 2000. Formação de Professores – Pesquisa, representações e poder. Belo Horizonte: Autêntica.

PETITAT, André. 1994. Produção da Escola – Produção da Sociedade. Porto Alegre: Artes Médicas.

PINHEIRO, Paulo Sérgio, HALL, Michel M. 1979. A Classe Operária no Brasil. Documentos (1889 a 1930). São Paulo: Alfa-Ômega. V. I.

REZENDE, Antonio Paulo. 1986. História do Movimento Operário no Brasil. São Paulo: Ática.

ROMANELLI, Geraldo. 1994. O significado da escolarização superior para duas gerações de famílias de camadas médias. 17ª Reunião Anual da ANPED.

SADER, Eder. 1988. Quando novos personagens entraram em cena – experiências, falas e lutas dos trabalhadores da Grande São Paulo (1970 80). Rio de Janeiro: Paz e Terra.

SAMPAIO, Maria Ruth Amaral de. (1994). O papel da iniciativa privada na formação da periferia paulistana. Espaço & Debates. São Paulo, 1:37, pp. 19-33.

SANTOS, Lucíola Lícinio de C. Paixão. 1992. Formação de Professores e qualidade do ensino. In Escola Básica. Campinas: Papirus, pp. 137-146, Coletânea CBE.

SCHWARTZMAN, Simon. 1992. A Trajetória Acadêmica e Profissional dos alunos da USP. Os Estudantes de Ciências Sociais. São Paulo: NUPES.

SILVA, Carmem Silvia Bissoli da. 1999. Curso de Pedagogia no Brasil: História e Identidade. Dissertação de mestrado. Marília: UNESP.

SIMÃO, Azis. 1966. Sindicato e Estado. São Paulo: Dominus/USP.

SINGER, Paul. 1977. Economia política da urbanização. São Paulo: Brasiliense.

SPOSITO, Marília P. 1984. O Povo Vai à Escola – A luta popular pela expansão do ensino público em São Paulo. São Paulo: Loyola.

_____ (org). 1989. O trabalhador-estudante: um perfil do aluno do curso superior noturno. São Paulo: Loyola.

TEIXEIRA, Anísio. 1989. Ensino Superior no Brasil: análise e interpretação de sua evolução até 1989. Rio de Janeiro: Editora da Fundação Getúlio Vargas.

THOMPSON, Paul. 1992. A Voz do Passado. História Oral. Trad. Lolio Lourenço de Oliveira. São Paulo: Paz e Terra.

VIEITZ, Cândido G. Reforma Nacional-Democrática e Contra-reforma. A política do PCB no coração do ABC Paulista/ 1956-1964. Santo André: Fundo de Cultura do Município.

WHITAKER, Dulce Consuelo A. 1989. UNESP: diferentes perfis de candidatos para diferentes cursos (estudo de variáveis formadoras do capital cultural). Fundação para o Vestibular da Universidade Estadual Paulista, UNESP.

LISTA DE ABREVIATURAS

AUSA Associação dos Estudantes Universitários de Santo André.

CEB(S) Comunidades Eclesiais de Base.

CFE Conselho Federal de Educação.

CONARCFE Comissão Nacional de Reformulação dos Cursos de Formação do Educador.

COPEVE Comissão Permanente de Vestibulares.

CPC Centro Popular de Cultura.

DNE Diretório Nacional dos Estudantes.

FAFIL Faculdade de Filosofia, Ciências e Letras de Santo André.

FEI Faculdade de Engenharia Industrial.

FMU Faculdades Metropolitanas Unidas.

FSA Fundação Santo André.

MDB Movimento Democrático Brasileiro.

ME Movimento Estudantil.

MEC Ministério da Educação e Cultura.

PFL Partido da Frente Liberal.

PMSA Prefeitura Municipal de Santo André.

PST Partido Social Trabalhista.

PT Partido dos Trabalhadores.

PTB Partido Trabalhista Brasileiro.

PUC Pontifícia Universidade Católica.

SAB(S) Sociedades de Amigos de Bairros.

UNE União Nacional dos Estudantes.

UNESP Universidade Estadual Paulista.

USAID Agência para o Desenvolvimento Internacional do Departamento de Estado Norte-Americano.

USP Universidade de São Paulo.

ANEXOS

1. Primeiros Professores autorizados a lecionar na FAFIL-FSA

(Parecer Nº 987/65: Autorização para Funcionamento da Faculdade de Filosofia, Ciências e Letras de Santo André – Estado de São Paulo)

Secção de Matemática

Docente	Disciplina(s)
José Mas Gramunt	Estatística geral e Estatística Aplicada
Alcides Bóscolo	Fundamentos I da Matemática
Luiz Mauro Rocha	Cálculo Diferencial, Integral
Carlos Alberto Garcia de Callioli	Geometria Analítica
Antonio de Souza Teixeira Júnior	Física, Mecânica Racional
Nicolau Antonio Brasil Marmo	Desenho Geométrico e Geometria Descritiva

Secção de Ciências Sociais

Docente	Disciplina(s)
Oswaldo Elias Xidieh	Sociologia e Fundamentos Sociológicos da Educação
Petrônio de Mattos Coutinho	Filosofia, Filosofia da Ciência, História da Filosofia, Filosofia da Educação
Joel Martins	Psicologia Geral, Psicologia da Criança e do Adolescente, Psicologia da Aprendizagem, Psicologia Social
Nelson Zanotti	História Socio-Econômica, Geoeconomia e Problemas Brasileiros
Max Henri Bodin	Antropologia, Etnografia Geral

Secção de Pedagogia

Docente	Disciplina(s)
Carlos Galante	Complementos de Matemática
Gilda Beltramelli Ulian	Biologia Educacional

Secção de Letras Vernáculas

Docente	Disciplina(s)
Duílio Colombini	Língua Portuguesa e Literatura Portuguesa
Neyde Ramos de Assis	Língua Latina e Literatura Latina
Alfredo Filipelli	Lingüística
Maria Cecília Queiroz de Moraes Pinto	Teoria da Literatura e Literatura Brasileira
Izidoro Bikstein	Filologia clássica
Maria Luisa Fernandez Miazzi	Filologia Românica

Esses os professores-catedráticos indicados para assumirem disciplinas componentes dos dois primeiros anos das diferentes secções.

A eles se juntaram outros mestres, até a integralização dos quatro anos das licenciaturas (Letras, Pedagogia, Ciências Sociais e Matemática), numa ordem hierárquica composta por três categorias: titulares (T), adjuntos (Ad.) e assistentes (As.) sem que a *cátedra*[1] fosse abolida dos Estatutos da Fundação Santo André.

Curso de Matemática

Docente/ Categoria	Disciplina(s)
Alésio José de Caroli (T)	Álgebra III e Introdução à Topologia
Arnaldo Augusto Nora Antunes (T)	Mecânica Racional e Crítica aos Princípios da Matemática

Pedagogia da Memória

Docente/ Categoria	Disciplina(s)
Dirceu Douglas Salvetti (T)	Cálculo Numérico I e II
Fernando Piero Laugeni (T)	Pesquisa Operacional e Organização Industrial
Jairo Simon da Fonseca (T)	Estatística Geral e Aplicada
Plínio Ugo Meneguini dos Santos (T)	Física I e II
Rubener da Silva Freitas (T)	Álgebra I e Exercícios de Análise I, II e III
Antonio Geraldo Violin (Ad.)	Física I e II
Hideya Nakano (Ad.)	Física I e II

Curso de Ciências Sociais

Docente/ Categoria	Disciplina(s)
Adi Ciocci (T)	História Econômica, Política e Social
Celso Pasquotto (T)	Estatística I e II
Celso Sebastião de Souza (T)	Sociologia Geral I e II
Celso Waak Bueno (T)	Teoria do Planejamento
Hebe Guimarães Leme (T)	Métodos e Técnicas de Pesquisa I e II
Hiroshi Saito (T)	Antropologia
João Antonio Carreño Gimenes (T)	Sociologia Geral I e Sociologia Industrial e do Trabalho
José Carlos Garcia Durand (T)	Sociologia Geral III
José Pereira Lima (T)	Estatística III
Mário de Campos Pereira (T)	Teoria do Planejamento e Economia Política
Marly Martinez R. Spínola (T)	Política e Teoria Geral do Estado II
Solange Martins Couceiro (T)	Antropologia I e II

Alice Irene Hirschberg (Ad.)	Sociologia Geral II e Métodos e Técnicas de Pesquisa I e II
Conceição Aparecida T. Bongiovanni (Ad.)	Política e Teoria Geral do Estado I
Dulcídio Dibo (Ad.)	Geografia Humana e Econômica I
Joaquim da Silva Boaventura (Ad.)	Complementos de Matemática
Mário Ghislandi (Ad.)	História Econômica, Política e Social
Antonio Douglas Wanderley Leite (T)	Estudo de Problemas Brasileiros e Geografia Econômica

Curso de Pedagogia

Docente/ Categoria	Disciplina(s)
Antonio Gouvêa de Mendonça (T)	Antropologia Pedagógica e Filosofia da Educação I e II
Antonio Paschoal Rodolpho Agatti (T)	Psicologia da Educação
Cléia de Araújo Jacomelli (T)	Medidas Educacionais
Eleny Christófaro (T)	Orientação Educacional e Princípios e Métodos de Orientação Educacional I e II
Lady Lina Traldi (T)	Educação Comparada
Maria Aparecida Romeiro Fernandes (T)	Prática de Ensino e Metodologia de Ensino do 1º grau
Maria José Guedes (T)	Técnicas Audiovisuais
Maria Margarida M. J. Carvalho (T)	Psicologia da Educação, Psicologia da Personalidade e Introdução à Psicopedagogia do Excepcional
Maria Helena Steiner (T)	Psicologia Geral e Social e Psicologia da Educação I
Olga de Ávila Pereira (T)	Biologia Educacional I e II

Pedro Túccori (T)	Economia da Educação
Ulysses Lombardi (T)	Estrutura e Funcionamento e Prática do Ensino do 2º grau
Cyrillo Giacomello (Ad.)	Sociologia da Educação
José Geraldo Toledo (Ad.)	Estrutura e Funcionamento do Ensino de 1º e 2º graus
José Reginaldo Prandi (Ad.)	Estatística Aplicada à Educação I e II
Miguel Tabet (Ad.)	Prática de Ensino de 2º grau
Katalin Aniko Heller (As.)	Psicologia da Personalidade e Introdução à Psicopedagogia do Excepcional

Curso de Letras

Docente/ Categoria	Disciplina(s)
Adair Pimentel Palácio (T)	Língua e Literatura Inglesa
Carla Strambio (T)	Língua e Literatura Francesa
Diva Valente Rebelo (T)	Prática de Ensino e Língua e Literatura Francesa
Jacques Douchez (T)	Estética e História da Arte
Neif Gabriel (T)	Cultura Brasileira
Neusa Jorge Longo (T)	Língua e Literatura Inglesa
Cecília de Arruda C. Pacheco (Ad.)	Língua Portuguesa
Eudinyr Fraga (Ad.)	Estética e História da Arte
José João Cury (Ad.)	Língua Portuguesa
Lineide do Lago Salvador Mosca (Ad.)	Filologia Românica
Neide Martins Mendonça (Ad.)	Psicologia da Educação
Robert George Carrington (Ad.)	Língua e Literatura Inglesa
Cássio de L. Machado Filho (As.)	Língua e Literatura Portuguesa

Curso de Licenciatura em Ciências

Docente/ Categoria	Disciplina(s)
Angélica Ambrogi (T)	Química I e II
Antônio de Campos (T)	Prática de Ensino
Desna Celória (T)	Elementos de Geologia I e III
Lucinda Campbell (T)	Elementos de Geologia II
Manoel Jorge Filho (T)	Introdução às Ciências Experimentais II e Física I e II
Maria José Pereira M. de Almeida (T)	Introdução às Ciências Experimentais I
Marlene Rodrigues (T)	Psicologia da Educação
Hilário Fracalanza (Ad.)	Biologia II e III
João Jurandir Espinelli (Ad.)	Desenho
Lumi Tsuchiya (Ad.)	Química I e II
Sérgio Maniakas (Ad.)	Física I
Verenice dos S. Leite Ribeiro (Ad.)	Física II
Antônio Frederico Camponer (As.)	Biologia I
Luiz Alberto de L. Nassif (As.)	Elementos de Geologia II e III
Mariley Simões Floria Gouveia (As.)	Prática de Ensino I e II

O quadro que segue é revelador das intenções dos mentores da FAFIL em fazer dela uma "uspinha".

Professores FAFIL (1965-1970)

Cursos superiores concluídos

	N.	%
FFCL – USP	63	69,2
Escola Politécnica – USP	03	3,3
Ciências Econ. e Adm. – USP	01	1,1
Escola de Soc. e Polít. de São Paulo	02	2,2
FFCL de São Bento	02	2,2
Ciências Econômicas – PUC-SP	01	1,1
Sedes Sapiential (PUC-SP)	02	2,2
FEI – PUC	01	1,1
FFCL de Campinas	03	3,3
FFCL da Universidade do Recife	02	2,2
FFCL da Universidade do Paraná	02	2,2
FFCL da Universidade do R. Grande do Sul	01	1,1
FFL e Pedagogia Mackenzie	01	1,1
Universidade de Barcelona	01	1,1
Universidade de Nápoles	01	1,1
Universidade Gregoriana – Roma	01	1,1
Universidade de Paris – Facultè des Lettres	02	2,2
Outros	02	2,2
Totais	**91**	

Fonte: Mapas de Aulas – FAFIL (1965-1970).

2. Licenciados no curso de Pedagogia

FAFIL-FSA (1969 1990)

Ano de Conclusão	Concluintes(*)				Totais
	OE	AE	CP	PG	
1969	–	–	–	31	31
1970	–	–	–	39	39
1971	–	–	–	85	85
1972	–	–	04	130	134
1973	–	–	–	115	115
1974	–	–	–	95	95
1975	–	–	–	54	54
1976	–	–	–	62	62
1977	–	–	–	18	18
1978	31	19	06	–	56
1979	24	03	03	–	30
1980	09	22	01	–	32
1981	18	07	03	–	28
1982	20	11	01	–	32
1983	09	20	01	–	30
1984	14	41	07	–	62
1985	63	29	01	–	93
1986	31	47	–	–	78
1987	36	62	–	–	98
1988	31	46	01	–	78
1989	26	85	01	–	112
1990	27	85	–	–	112
				Total	1474

Fonte: Pasta de Alunos-Concluintes – Expedição de Diplomas – Secretaria da FAFIL/FSA.

(*) OE – Habilitação em Orientação Educacional
AE – Habilitação em Administração Escolar
CP – Complementação Pedagógica
PG – Formação de pedagogo generalista

3. DEPOIMENTOS

PROFESSOR NELSON ZANOTTI[*]

1. Mobilização para a criação das Faculdades

Eu, professor Zanotti, licenciado e bacharel em Ciências Humanas, nos Departamentos de História e Geografia (1943), ex-professor-assistente de História Americana na USP, muito ligado a Santo André através de seus antepassados (Família Zanotti), tinha na ocasião, idéia de criar uma escola de ensino superior na região. Numa determinada conjuntura fui apresentado pelo jornalista Paulo Zingg ao prefeito Fioravante Zampol, que após conversas em várias ocasiões convocou-me para criar – por minha sugestão – uma faculdade de ciências econômicas que atenderia melhor à formação de mão de obra qualificada para as atividades econômico-financeiras do gênero de vida industrial.

2. Fioravante Zampol

Uma figura que precisa ser destacada na introdução do ensino em geral, em especial, o superior, é a figura de Fioravante Zampol, farmacêutico, com boa cultura, um profundo sentido de amor à causa pública, brilhantes qualidades de executivo, honestidade exemplar e uma grande visão de todos os setores da vida pública da região.

É o bastante dizer que a primeira legislação anti-poluição é de Fioravante Zampol. Posteriormente, a CETESB se apropria desse organismo municipal de controle em Santo André.

O prefeito Zampol antes de tudo era um democrata, profundamente respeitador da Lei, mas com idéias evoluídas para a melhoria dessa democracia. Uma das qualidades do prefeito era o tino que possuía para arregimentar equipes capazes e honestas. Outro lado que marca as duas administrações de Zampol é um marco divisório: 1953 e o futuro. Basta dizer que a reforma estrutural da Administração Pública Municipal foi feita por ele em várias etapas: surgem as secretarias municipais, inclusive a de Educação e Cultura – uma das primeiras do interior do Estado de São Paulo.

Continuando, a fisionomia visual de Santo André é marcada por um vetor de modernismo que vai dirigir toda a vida do município, a partir do Pré-Plano Diretor da Cidade, chefiado pelo prof. Nelson Zanotti, que conseguiu, gratuitamente, do grande urbanista professor Anhaia Mello, diretor da FAU USP, assessoria total de muitos técnicos que lançaram as bases de toda a projeção futura de malhas viárias, redes de água e esgoto da cidade.

Após um tormentoso período de um prefeito (Gimenez) que tentou intervir na Faculdade de Economia, provocando repulsa na cidade (Rotary, Imprensa) retorno às aulas no "Américo Brasiliense".

3. A Faculdade de Filosofia, Ciências e Letras de Santo André

Alguns anos após, faço a sugestão de criação de uma faculdade de filosofia, ciências e letras, cujo molde era a USP, contando com grandes professores, escolhidos sempre por seus títulos. A faculdade criada (FAFIL), que sempre contou com professores de alto nível, tinha algumas peculiaridades: a principal era no Departamento de Matemática onde existia uma complementação do ensino de licenciatura denominada "Matemática Aplicada à Indústria", com disciplinas pouco comuns no ensino universitário brasileiro como Análise de Sistemas (Informática), Pesquisa Operacional, Fundamentos de Matemática. Esta especialização exigiu a criação do primeiro centro de processamento de dados do país, com computadores de última geração e tal evento é anterior ao da própria USP. Em regime de parceria especial com a Prefeitura Municipal de Santo André, todo o sistema tributário municipal foi informatizado a partir de 1967. Alguns países da América Latina enviaram técnicos para estágios no Centro de Processamento de Dados da Fundação Santo André nessa época.

No curso de Ciências Sociais havia, para "horror" de muitos alunos, as disciplinas Matemática e Estatística, lamentavelmente excluídas, posteriormente. A professora Maria Helena Steiner, do curso de Pedagogia foi indicada Secretária de Educação e o Mobral ali se iniciou, entre outras ações de vulto.

No Departamento de Letras, uma sofisticação intelectual: Filologia Românica. Ainda, uma cadeira de Estética e História da Arte sob a regência do Professor Douchez (Sorbonne) e a introdução da cadeira de Problemas Brasileiros para todas as Seções e com uma perspectiva totalmente diferente da que viria a assumir essa disciplina no pós-68.

junho, 2000

4. Professor Nelson Zanotti (talvez o diretor mais jovem de uma faculdade neste país)

Sempre tive como pressuposto básico, imprescindível em matéria de ensino, principalmente o superior, o aprofundamento total e o mais perfeito possível nas matérias/disciplinas fundamentais dos cursos.

Fui colega do professor Jânio Quadros no Colégio Dante Alighieri. Nas eleições para vereador, os alunos montaram comitê com o meu nome, listas com assinaturas em apoio ao meu nome. Recusei a indicação e apresentei o nome de Jânio Quadros que foi eleito vereador da Capital. Recusei também, cargos no primeiro escalão (secretaria) e na direção da Petrobrás (Bahia), manifestando meu interesse na área da cultura.

Jânio Quadros chega a governador e é candidato à presidência da República. Vem à Santo André e a mim foi proposto chefiar a sua campanha. Jânio Quadros foi eleito e um dia recebo um telefonema do Sr. Quintanilha Ribeiro, Chefe da Casa Civil, convidando-me para assumir a subchefia. Convite aceito (15/08/60) fui informado alguns dias depois, por Marieta de Camargo Matos (física), que Jânio Quadros havia renunciado. Paulo Zingg contou-me sobre o golpe tramado pelo ex-presidente.

5. Uma faculdade de filosofia em Santo André

Enfim, em 1963, o projeto de criação de uma faculdade de filosofia na cidade. O prefeito Zampol já havia realizado grandes investimentos em infra-estrutura urbana mas, foi picado pela mosca azul diante da idéia de "criação de escola", agora de nível superior – um idealista.

Como trazer os professores? O prefeito deu-me carta branca para resolver a questão e para Santo André trouxe a fina flor da USP.

A iniciativa de criação da Faculdade foi acompanhada da indiferença do campo político: pra que uma faculdade de filosofia?

Zampol fez valer o seu prestígio e os trabalhos do *Senadinho* fazem aprovar a proposta pela Câmara Municipal. O *Senadinho* era composto por três assessores da Câmara Municipal – Luiz Arthur Lamouche Barbosa, Raul Poletto e Vereador Figueiroa. Eles moldavam as pretensões, muitas vezes favoráveis ao Executivo. Para a constituição do Conselho de Curadores da Instituição – a aprovação nos Estatutos de uma proposta com uma abertura "socialista" e uma pequena maioria representante do prefeito municipal: representantes dos professores (os diretores das faculdades), representantes dos alunos, das indústrias, da associação comercial, da associação de economistas e da Câmara Municipal. O presidente da Fundação Santo André era nomeado pelo Executivo local.

junho, 2000

6. Sobre a Região do ABC Paulista

A São Paulo Railway Company determina pousos (São Caetano, Santo André, Mauá, Ribeirão Pires e, posteriormente, Rio Grande da Serra) para reabastecimento das suas composições. Daqueles pousos, o que mais se desenvolve é o de Santo André, talvez por significar um tempo maior, na metade do caminho e mais distante da capital. Dessa situação geopolítica de transportes, Santo André passa a ser distrito do município de São Bernardo. O desenvolvimento de Santo André o conduz à categoria de município.

A Revolução de 30 foi responsável pela desintegração das antigas lideranças políticas locais, representadas pelas Famílias Franco e Fláquer. Indiretamente, porém, tal liderança se estende até o primeiro governo Zampol, ele mesmo, no fundo um discípulo de Saladino Franco.

A partir da época Zampol cresce o populismo político com o PTB de Getúlio Vargas e o PSP de Ademar de Barros. Essas legendas irão dominar até 1964.

Fioravante Zampol, farmacêutico de profissão, descendente de antigos emigrantes italianos de Ribeirão Pires, logo jovem destacou-se na liderança comunitária de organizações religiosas e cívicas e em conseqüência, ingressou na política s.m.j. através do prefeito Felício Laurito. Dotado de mentalidade democrática, se criou politicamente, com os ideais populistas do antigo PSP e do PTB. As realizações de Zampol foram sempre caracterizadas por uma visão e sensibilidade com uma administração pública marcada pela preocupação com instrução, ensino e educação. "Semeiem livros os que podem, semeiem escolas os que devem" foi o lema da sua administração.

O prefeito Zampol que sempre defendeu legalmente a integridade territorial do antigo município de Santo André, como bom estadista, compreendeu e aprovou a natural autonomia de outros municípios integrantes do ABC paulista e, posso afirmar foi um dos artífices remotos do Consórcio Intermunicipal do ABC, em comunhão com o pensamento de Lauro Gomes em São Bernardo do Campo.

agosto, 2000

PROFESSORA MARILENA NAKANO*

Movimento Estudantil: negação ou afirmação

Antes de iniciar o depoimento gostaria de deixar claro que, do meu ponto de vista, lembrar e recordar coisas vividas é importante mas não suficiente para a construção de uma história que seja dinâmica, onde o passado, o presente e o futuro guardem uma grande e intensa relação. Uma frase de Galeano expressa bem esta visão: "A História é um profeta com o olhar voltado para trás: pelo que foi, e contra o que foi anuncia o que será". Evidentemente, não pretendo ir tão longe em meu depoimento, mas gostaria que ele servisse para refletir, pelo menos no que for possível, o movimento estudantil da Fundação, nos dias de hoje.

Para início de conversa é bom dizer que, atualmente, sou professora do Curso de Pedagogia, da disciplina Didática, e Chefe do Departamento de Educação. É a partir deste lugar que hoje ocupo, que vou fazer a busca de fatos no meu passado e refletir um pouco sobre eles.

Fui da primeira turma da FAFIL. Entrei para cursar Pedagogia em 1966. No momento em que comecei a faculdade o movimento estudantil (ME), a nível nacional, vivia uma grande efervescência. A UNE (União Nacional dos Estudantes) era efetivamente reconhecida e legítima representante dos estudantes do 3º grau, com uma atuação política e cultural importante no país como um todo. Portanto, fui estudante numa conjuntura em que o ME apresentava um grande vigor no Brasil e no exterior. Minha militância foi mais efetiva a partir de 1968 quando surge uma disputa entre duas chapas para a direção do então Diretório Acadêmico. Não me recordo, mais detalhadamente, das razões da disputa entre as chapas, a não ser que se tratava de uma chapa de esquerda e uma de direita. Ganhamos, a chapa de esquerda, a eleição. Neste mesmo ano passei a compor a diretoria da AUSA (Associação dos Universitários de Santo André). Esta associação congregava estudantes do 3º grau, de diferentes faculdades, que moravam em Santo André. Tratava-se de um espaço político e cultural importante na cidade. Simultaneamente entrei numa organização clandestina de esquerda, a Ação Popular (AP). Todo o relato feito até aqui mostra que a minha inserção no movimento se dá numa conjuntura bastante rica, nas quais as oportunidades se colocaram para a imensa maioria dos estudantes. É preciso deixar isto claro para não tornar a minha história pessoal como se fosse única. Certamente, muitos dos meus contemporâneos ao lerem este depoimento ver-se-ão nele. As ações do ME não aconteceram isoladas. A FAFIL tinha contato com a FAECO, FEI, USP e PUC.

Nesta fase do ME as questões que nos preocupavam eram aquelas de caráter geral em torno da Educação, das questões políticas, econômicas e sociais. Denunciávamos a exploração dos trabalhadores, o imperialismo, o acordo ME-USAID, a Guerra do

Vietnã, o governo autoritário. Lembro-me pouco de termos tratado de questões específicas sobre o curso, a FAFIL ou a FSA. Muito vagamente, em 1969, me recordo de uma discussão sobre o reconhecimento da Faculdade, cujo processo transitava no Ministério da Educação.

Eu tinha, como a maioria dos estudantes envolvidos no ME, a expectativa de transformar a sociedade brasileira. Vivíamos a ilusão de que éramos capazes dessa façanha, enquanto movimento estudantil e enquanto organização de esquerda clandestina. Apesar da importância do ME na década de 60, não conseguimos ir além da negação da situação existente.

Em 1968, o Estado exerceu com todo poder autoritário uma intensa repressão sobre os diferentes setores da sociedade brasileira, inclusive sobre o ME, colocando em questão a capacidade de transformação que julgávamos ter. É nesse contexto que, numa panfletagem, em outubro de 1968, quatro alunas da FAFIL, entre elas eu, foram presas. Tratava-se de uma panfletagem que dezenas de estudantes da FAFIL e da FAECO faziam para denunciar a exploração que sofriam os trabalhadores. Por esta razão não pude tomar posse da presidência do Diretório Acadêmico, cargo para o qual havia sido eleita. Como se isto não bastasse, em dezembro de 1968, caiu sobre toda a sociedade brasileira o AI 5 (Ato Institucional nº 5), fazendo com que o silêncio se instalasse em todos os lugares: escolas, fábricas, associações. A FAFIL não ficou imune, em 1969, quando voltamos às aulas o silêncio era mortal. A clandestinidade se mostrou o caminho mais viável. Até 1970 fui obrigada (com as outras três colegas, Sabina, Ruth e Rosalba, presas em 1968) a ir mensalmente à Auditoria Militar para dar conta dos nossos atos e acompanhar o processo desencadeado pela nossa prisão em função da panfletagem. O grupo foi condenado a seis meses de prisão em junho de 1970. Cumpri um mês, por razões de idade, e as outras três cumpriram seis meses de reclusão na Tiradentes. O silêncio na FAFIL era mortal. Não guardo na memória nenhuma discussão mais importante ou qualquer ação cultural mais efetiva. Reunir mais do que um representava perigo. O medo se instalara.

Nessa minha trajetória vivi dois momentos completamente distintos: um de grande efervescência e o outro de silêncio mortal. Saí da Faculdade neste segundo momento.

Voltei à Fundação como professora em 1982, depois de ter vivido, enquanto profissional, uma trajetória que não se diferencia da maioria das pessoas de esquerda deste país.

Voltar à FAFIL, para mim, teve dois significados: por um lado não houve censura ideológica, pois caso contrário certamente não teria voltado em função do estigma de radical de esquerda que carregava, em função da história que vivera na Instituição. Por outro lado, o movimento estudantil, que eu não mais acompanhara, certamente saíra de seu silêncio. Pude observar essas duas coisas de perto. Um Departamento de Educação enfrentando as questões abertamente, sem censuras ideológicas, outros professores de outros departamentos também se posicionando abertamente. Do lado dos alunos, um ME, de novo ativo, que falava de UNE, que lutava por uma representação maior nos órgãos colegiados. Um ME que tinha como principal alvo a figura do diretor da FAFIL, como se este representasse o autoritarismo, o pólo oposto do então Diretório Acadêmico. Na década de 80 o ME da Fundação Santo André conseguiu ampliar a sua representação nos órgãos colegiados, baixar as mensalidades e deixar de ser Diretório Acadêmico que estava atrelado à Direção da escola para se tornar Centro Acadêmico, órgão autônomo dos estudantes. No entanto, assim como na década de 60, não conseguiu ir além disso, saindo muito pouco do campo da negação. A luta central se restringia, do meu ponto de vista à tão famosa frase: "si hay gobierno, soy contra", sendo a direção da FAFIL e o Conselho de Curadores os maiores alvos. Evidentemente que havia razões objetivas para que isto ocorresse, mas, assim como na década de 60, tenho a impressão de que não se conseguiu ir além da negação, da análise dicotomizada, onde um é o certo e o outro é o errado, onde um consegue sempre ter a visão mais avançada e outro a visão mais conservadora. Assim, quando se passa a viver uma conjuntura mais democrática na Fundação a partir de 1989 tem-se muita dificuldade de estabelecer novas relações e novas saídas.

Desde 1982, quando voltei, tenho convivido com o ME da FAFIL, não mais como estudante, mas como professora, e tenho refletido um pouco sobre ele porque a minha inserção na instituição e a visão que tenho, hoje, do processo mais amplo de democratização do país me fazem atenta aos movimentos de modo geral e em particular o ME.

Assim, sem querer ter a verdade, pretendo levantar algumas reflexões sobre o ME, quem sabe para iniciar um debate a respeito, que nos faça avançar no rumo da construção da democracia na Fundação Santo André.

A mim parece que o ME anda em busca de uma nova identidade, no entanto as suas referências são as do passado, onde a negação era o centro da ação dos estudantes: negação do capitalismo, negação do imperialismo norte americano, negação da autoridade do diretor da escola, negação da exploração dos trabalhadores. Talvez, alguns movimentos sociais progressistas tenham algo a nos ensinar neste momento. Eles que viveram, também, uma fase de negação do Estado, na década de 70 e meados da década de 80, começam a enfrentar uma nova fase não apenas de negação como também de afirmação de sua identidade através da reflexão, elaboração e concretização de projetos, numa relação com o próprio Estado, sem com isto serem cooptados, muito menos perderem a sua autonomia e identidade. Penso ser este um caminho importante, nos dias de hoje, que se seguido pelo ME muito contribuirá para a construção e aprimoramento de uma sociedade mais democrática.

novembro, 1990

PROFESSOR ELMIR DE ALMEIDA*

Soube da existência da Fundação Santo André quando ainda era aluno da graduação (Pedagogia) na USP, através da minha colega de curso, residente no ABC, Sônia Maria Portella Kruppa[1]. À época fazia parte da coordenação colegiada do Centro Acadêmico Paulo Freire (83), cuja atividade buscava fazer renascer o ambiente de debate, crítica e participação. Ocupava o centro das discussões, a reestruturação do curso de Pedagogia e a revisão do Parecer Walnir Chagas. Nesse momento, Sônia Maria Portella Kruppa ofereceu-me informações que davam conta da existência de um alunado participativo e de um projeto pedagógico coletivo em curso no Departamento de Educação da FAFIL-Santo André.

Em abril de 1988, prestei um concurso para aulas de Técnicas de Ensino Individualizado na FAFIL – curso de Pedagogia. Aprovado, assumi no ano seguinte aulas de História da Educação (Técnicas de Ensino Individualizado saíra do currículo do curso). A essa época, já cursava o mestrado na área de História na Unicamp e minhas pesquisas abordavam o tema: *A Companhia de Jesus no Brasil*.

A minha chegada à Fundação se deu num momento de crise: demissão de professores, movimento de repúdio da comunidade acadêmica e em especial do alunado do curso de Pedagogia: atos de protesto, ameaças de repressão policial no campus, atos intimidatórios da Administração Central (presidência da Fundação Santo André, direção da FAFIL).

Diante da situação, todos os Departamentos da Faculdade se posicionaram. Era possível observar a existência de *uma certa unidade* no interior da Instituição, dirigida para dois focos: o repúdio às arbitrariedades da Administração da FSA e a reivindicação de alunos e professores para a mudança dos Estatutos da Mantenedora, os quais guardavam os dispositivos do período ditatorial (anos 70).

As eleições municipais em Santo André, no final de 1988, tornaram mais claros os posicionamentos adotados no interior da Instituição: professores e alunos da FAECO e um grupo de professores e alunos da FAFIL (Bacharelado em Matemática em especial) passaram a cunhar a expressão *petistas*, associada a *baderneiros*, para nomear os defensores da candidatura Celso Daniel ao Executivo Municipal e, em apoio à *reeleição de Newton Brandão*, candidato das forças conservadoras. A situação de crise interna se polarizou: a favor do PT e contra o PT. Estávamos num processo eminente de privatização: os grupos (no interior e fora da Fundação) dela defensores, apontavam para o ganho da Instituição com a autonomia na utilização de recursos e meios, resultante do rompimento do vínculo com o poder público.

O Departamento de Educação, no seu coletivo, ao lado de professores de outros Departamentos da FAFIL (Letras, Licenciatura em Matemática, Ciências Sociais) assumiram a defesa do estatuto público da Fundação Santo André e para essa luta, conclamaram setores da sociedade civil: sindicatos (químicos, metalúrgicos, professores), partidos políticos de oposição, Ordem dos Advogados do Brasil (Seção Santo André), Igreja, ex-alunos da FAFIL, dentre outros.

O Departamento de Educação agiu como um *bloco*, em busca de uma hegemonia, na defesa de uma Instituição pública, em nome de um *passado* e da *natureza do alunado* da Fundação Santo André; na defesa da escola pública, em todos os níveis.

A Faculdade de Filosofia, Ciências e Letras de Santo André tomou a USP como modelo e o fez nas suas imperfeições também, sobretudo no que diz respeito à formação do professor (dos 80 ao início dos 90): essa formação segue sendo *coisa não tratada pelo conjunto*, uma imperfeição que deriva do sistema universitário brasileiro. Eu via também na Fundação Santo André, a figura da cátedra como algo ainda vivenciado – a subordinação de alguns professores aos titulares catedráticos. No Departamento de Educação, as relações eram mais horizontalizadas. Desde quando cheguei ao Departamento de Educação pude verificar, de perto, a preocupação existente entre os professores em formar os novos quadros – uma ação política explícita nesse sentido. O Departamento segue princípios muito matizados, visíveis e orientadores da sua ação, a exemplo: a defesa da escola pública em todos os níveis; a concepção de que o sujeito não chega pronto e acabado e por conseqüência, vai procurando integrar esse sujeito sem que ele perca a sua individualidade, num trabalho de grupo, mesmo que o sujeito não tenha a vivência anterior de um trabalho que coloque o *coletivo* como estruturador da ação. Ainda, a defesa dos alunos do curso na sua condição de alunos trabalhadores. Essa característica não pode ser tomada como uma *abstração*. Num dado momento, aquela caracterização acabou por fazer com que o Departamento, coletivamente, buscasse tratar questões do mundo do trabalho como eixo estruturador das diferentes disciplinas. A crítica que posso fazer hoje é que se o Departamento foi capaz de tal percepção, não foi capaz de uma reflexão sobre as mutações que ocorreram no mundo do trabalho e por decorrência nas mutações que ocorreram no seio do seu próprio alunado.

Hoje é difícil tratar do aluno de pedagogia como um trabalhador da indústria. Ele vem de vários setores da atividade produtiva dentre eles o setor de serviços: setor no qual o emprego é precário, os benefícios trabalhistas e sociais são quase inexistentes e o desassalariamento é uma regra (o que confere ao trabalhador uma identidade diferenciada e processos de socialização idem). O mesmo se dá com o Estado na sua esfera contratual (também bastante precarizada).

Esses alunos foram socializados no interior de famílias operárias e há uma *idealização* deles como grupo homogêneo e uniforme dada a sua origem de classe. Julgo que o Departamento não tem ido à fundo nessa questão. É muito recente a preocupação em torno dela no interior do Departamento de Educação, é preciso avançar nessa busca de compreensão.

Assumi a chefia do Departamento como um quadro formado nessa cultura interna que procurei delinear. Também devo considerar a construção de uma identidade na passagem por três governos municipais na área da educação e da cultura. Considero que essas condições deram legitimidade à minha atuação: levar o Departamento a voltar a discutir a sua missão no interior da Instituição, da cidade e da região, realizando uma readequação do curso de Pedagogia à sua missão e promovendo essa discussão de uma forma mais metódica e planejada – através de um *planejamento estratégico*.

Certamente, há um ganho para o Departamento na sua ação perceptível de ir se adequando à realidade local, estadual e do país, uma sintonia com as discussões em curso. Se há dificuldades, já apontadas antes, para que o Departamento consiga compreender o seu jovem aluno em sua diversidade, é esse mesmo Departamento que demonstra estar vivo para sintonizar as mudanças e o debate: é pró-ativo, se contrapondo à idéia *time que está vencendo não se mexe*.

O Departamento de Educação da FAFIL incomoda e se incomoda.

Do processo vivido guardo uma frustração: o processo de discussão sobre a formação do professor não foi para além dos muros do Departamento. Não se produziu uma mudança que resultasse efetivamente no interior do Departamento e na sua interface com os demais. Mesmo não assumido publicamente, o modelo perverso do protótipo ("3+1") permanece e os departamentos seguem como feudos.

Esta é uma questão que ganha premência com a emergência do Centro Universitário da Fundação Santo André.

Resta ainda tratar da questão da ida dos quadros do Departamento de Educação para os governos municipais, na década dos 80, em Diadema, São Bernardo do Campo, Santo André e São Paulo. O Partido dos Trabalhadores vai buscar seus quadros no interior do Departamento de Educação: são pessoas com trajetórias de vida e militância política em diferentes espaços, quer dos grupos da Igreja, movimento estudantil ou de partidos políticos e isso não se constitui em problema para o Departamento, faz parte da diversidade que ele abriga. A ida aos governos municipais trouxe desdobramentos para a Instituição, para a FAFIL, sobretudo. O fato de não nos afastarmos da Fundação gerou uma relação ambígua que culminou em nova crise que ocorre quando não estamos mais no governo municipal: o II Congresso da Fundação Santo André resulta numa crise interna (disputa de grupos) e não se concretiza. Assim é que não avançamos na constituição de um novo projeto para a Instituição e ele vem de fora: no início dos anos 90, o prefeito municipal Celso Daniel (PT) e a presidente do Conselho de Curadores da Fundação Santo André, prof ª Selma Rocha, secretária de educação municipal, levam a efeito a contratação de uma assessoria externa cuja tarefa é a elaboração de um projeto para a transformação da Instituição em centro universitário.

dezembro, 2000

NOTAS

Capítulo I

[1] A Faculdade ofereceu, inicialmente, cursos gratuitos. Nos dias de hoje, as anuidades escolares, pagas pelos alunos, são responsáveis por, aproximadamente, 85% do orçamento da Instituição.

[2] Os alunos-trabalhadores do curso de Pedagogia, enquanto sujeitos de práticas com significado político e histórico, enquanto sujeitos sociais.

[3] Algumas caixas foram o recurso extremo que adotamos: são três, repletas de cópias de documentos recolhidos por Marilena Nakano e Marli Pinto Ancassuerd, durante duas décadas. O material tem sido buscado por alunos, colegas professores, quando há questões específicas a serem resolvidas e que demandem uma "análise do histórico". Por absoluta falta de tempo, o conteúdo das caixas está por merecer uma catalogação mais adequada e parte dele não retornou após empréstimos.

[4] José de Souza Martins aponta o fato de que ainda é grande a desinformação sobre os fluxos migratórios nos anos cinqüenta (mais de 500 mil migrantes). Poucos se deram conta, segundo o autor, de que as grandes correntes migratórias dessa época eram procedentes de Minas Gerais e do Nordeste e não só desta última região. Ainda, que a ausência de estudos históricos talvez se explique porque se trata de fenômeno relativamente recente e, também, porque a migração interna não teve a importância histórico-estrutural da imigração estrangeira (anos 1880-1920), que veio para substituir escravos e viabilizar relações sociais profundamente novas, que abalavam e subvertiam a sociedade inteira, dos mais ricos aos mais pobres. Martins destaca a atenção que as migrações sazonais dos anos 70 (Nordeste e Minas Gerais) têm recebido de sociólogos e missionários, atribuindo-a ao fato de que

esse novo fluxo (ao contrário do dos anos 50) não é adaptativo, mas promotor de ampla desagregação social nas áreas de origem e inadaptação nas áreas de destino (geralmente os grandes canaviais na safra) e tanto vinda como volta são acompanhadas de grande tensão e muitos problemas sociais. (cf. *A Sociabilidade do Homem Simples*. São Paulo: Hucitec, 2000, pp. 126-128).

- [5]Cf. Octaviano A. Gaiarsa. *A Cidade que Dormiu Três Séculos. Santo André da Borda do Campo – Seus Primórdios e sua Evolução Histórica*. Op cit., p. 180.

- [6]A esse respeito ver M. P. Mindrisz. *Política Habitacional e Habitação Popular: análise do caso do Município de Santo André*. Dissertação de Mestrado, EAESP/FGV 1981, pp. 114-115.

- [7]É preciso lembrar que nas greves dos metalúrgicos (anos 80) foi em Santo André que o movimento alcançou maior apoio junto à população, através de melhor organização dos seus movimentos de base ligados à Igreja.

- [8]Cf. José de Souza Martins aponta a importância do Instituto de Educação "Américo Brasiliense", escola pública de Santo André: "No curso Normal [...], no tempo da escola pública erudita dos catedráticos concursados, originários da Universidade de São Paulo, encontrei a História, a Sociologia e a Antropologia e um modo de pensar sociológico que oferecia critérios para refletir sobre a incógnita da vida dos trabalhadores do subúrbio de um modo antropológico. Li O Homem, de Ralph Linton, no primeiro ano da escola normal. Era obrigatório". Op. Cit. p. 137.

- [9]Cf. Cândido G. Vieitez, o *Conselho era uma semente de poder popular*. O Conselho constitui-se como uma frente de sindicalistas (de matrizes ideológicas distintas) que compartilhavam as lutas nacionais e democráticas. Surgiu nos anos 60, numa ação do Partido Comunista para re-agregar as próprias forças que haviam se dispersado com a desativação da Comissão Intersindical de Santo André (CISSA). Op. Cit. p. 79-81.

- [10]Colaboraram com o CPC de Santo André: Gianfrancesco Guarnieri, Augusto Boal, Francisco (Chico) de Assis, Nélia Abrão, Flávio Rangel, os bailarinos Marilena Ansaldi e José Leão, entre outros.

- [11]Esse grupo, de forma mais amadora que o CPC, apresentava, em residências de operários, as peças que compunham o repertório do CPC.

- [12]Ainda em 1952, Prestes Maia recebeu o convite do prefeito Fioravante Zampol, para estudar o planejamento de Santo André.

- [13]Serviço executado e problema não resolvido porque o trabalho se apresentou tecnicamente falho. As enchentes continuaram e a região foi palco de uma grande obra na segunda gestão do prefeito Celso Daniel.

Capítulo II

- [1]Palavras de um profissional liberal de Santo André, em depoimento dado a T. Camacho. Op. Cit. p.103.

- [2]O prédio da escola técnica (como vários outros prédios escolares) foi construído sob administração direta e custos da Prefeitura Municipal de Santo André. Valor da obra em 1950: Cr$3.100.000,00. Cf. Depoimento de prof. Nelson Zanotti, primeiro diretor da Faculdade.

- [3]O aumento da demanda para o ingresso nos cursos superiores constituiu a origem do problema dos excedentes, questão central na Reforma Universitária de 68. A pressão sobre o ensino superior estava relacionada com a ampliação da taxa de matrícula no ensino de nível médio, que cresceu 4,3 vezes entre o período 1947-1964.

• [4]Nos anos finais dos 50, início dos 60, foram várias as experiências de reestruturação pedagógica e administrativa do ensino superior, algumas delas incorporadas à Reforma de 68. São citadas por Ana Waleska P. C. Mendonça: a Federal do Ceará (1955); a Faculdade de Medicina de Ribeirão Preto (1957 e 1962); as Escolas Superiores de Agricultura de Piracicaba e Rio Grande do Sul (1963); a Universidade Rural de Minas Gerais (hoje Federal de Viçosa) em 1958 e a Universidade de Brasília (1961). A Universidade no Brasil. *Revista Brasileira de Educação*, São Paulo, n° 14, p.141.

• [5]A composição do referido Conselho sofreu alterações com a Lei 2495/66, de modo a incluir mais 2 (dois) membros indicados pelo prefeito municipal, um representante do Diretório Acadêmico da Faculdade Municipal de Filosofia, Ciências e Letras, um representante da Associação dos Economistas de Santo André e um representante do Centro das Indústrias de São Paulo. Deixaram de compor o Conselho, o representante da Associação Comercial e Industrial e um representante dos ex-alunos da "Economia". Ainda em 1969, através da Lei n° 3193, o prefeito municipal passa a indicar 06 (seis) membros para o Conselho, entre os quais, obrigatoriamente, o titular da Secretaria de Educação e Cultura.

• [6]O artigo 17 foi revogado pela Lei 2205/64 e em 1966 já era praticada a cobrança de mensalidades "simbólicas".

• [7]Professor Zanotti fora afastado da direção da Faculdade de Economia, por conta de uma das várias ações de desmando do prefeito Gimenez que reivindicava a entrega dos doze cargos de professores para a nomeação de pessoas do seu grupo, com o que não concordou o diretor, invocando a autonomia da Escola. (Entrevista com o professor, Nelson Zanotti).

- [8]Fioravante Zampol, logo jovem, destacara-se na liderança comunitária de organizações religiosas e cívicas, criando-se nos ideais populistas do PTB e PSP (Depoimento dado pelo prof. Nelson Zanotti).

- [9]Era voz corrente que o prefeito Zampol era assessorado por um *Senadinho*, com o qual contava para o trabalho de convencimento dos vereadores.

Integrariam o *"Senadinho"* colaboradores não só fiéis mas, também, competentes técnicos da administração pública. Pelo menos um deles ocupou a presidência do Conselho de Curadores da Fundação Santo André.

- [10]A região a ser servida pela Faculdade contava, na época, com uma população superior a 750.000 habitantes, e contigente escolar assim distribuído: 13.322 alunos no ensino médio, dos quais 4.290 em escolas normais, 5.113 em escolas secundárias propriamente ditas e 1.421 em escolas industriais. (Dados Estatísticos da Prefeitura Municipal de Santo André).

- [11]Cf. Depoimento do prof. Nelson Zanotti e Ata de Posse Solene da diretoria da Faculdade Municipal de Filosofia, Ciências e Letras de Santo André e da sua Egrégia Congregação. Livro de Atas I, Congregação, p. 16.

- [12]A especialidade prosperou e transformou-se, posteriormente, no curso de Bacharelado em Matemática (com ênfase em Informática).

- [13]Segundo Bourdieu: "as características mais específicas da indústria cultural – o recurso a procedimentos técnicos imediatamente acessíveis, a exclusão sistemática de todos os temas capazes de provocar controvérsia ou chocar alguma fração do público em favor de personagens e símbolos otimistas e estereotipados, 'lugares comuns' que possibilitam a projeção das mais diferentes categorias do público – resultam das condições sociais que presidem a produção desta espécie de bens simbólicos. Com efeito, estes produtos resultam de um sistema de produção dominado pela procura da rentabilidade dos investimentos e, em conseqüência, da extensão máxima do público."(BOURDIEU, P. 1974). *A Economia das trocas simbólicas*. São Paulo: Perspectiva, p. 105.

• [14]No ano de 1980, uma outra situação se estabeleceu: as Faculdades mantidas pela Fundação Santo André saíram do âmbito de jurisdição do Conselho Federal de Educação e ficaram sob a jurisdição do Conselho Estadual de Educação, onde permanecem até os dias de hoje (Parecer CEE 1736/80).

• [15]Já no ano de 1968, o controle da situação dos alunos referente ao pagamento dos seus encargos para com a Fundação passou a ser feito pelo *nosso Centro de Processamento de Dados, com emprego do Computador Eletrônico*, informava o diretor-contador. (Of. n. 6/68 – FSA)

Capítulo III

• [1]Cf. Lei nº 5540/68 que definiu a reforma universitária, estendendo a estrutura departamental, já imposta pelo Decreto-lei 252/68 à UNB, a todo o ensino superior brasileiro.

• [2]Ata da Seção Solene de Posse do diretor, vice-diretor e Congregação de Professores em 26/03/1966. Livro I, p. 3.

• [3]Livro I – Atas do Departamento de Educação em 28/02/1972.

• [4]Manifestação do professor Carlos Galante, apoiado em sua fala pela professora Zilda Augusto Anselmo (30/11/72).

• [5]A "uspinha" passou a oferecer curso de Pedagogia em três anos por um breve período, adotando novamente o regime anual e duração de quatro anos que segue em vigor até os dias de hoje.

- [6]Ata de reunião do Conselho de Curadores da Fundação Santo André em 14/10/1970. As manifestações se fizeram ouvir quando entrou em pauta a proposta de criação de um novo curso na FAFIL, o de Licenciatura em Ciências. A Comissão que analisou o curso o considerou viável desde que fosse elevado para 100 (cem) o número de alunos/sala de aula; não fossem realizados outros gastos com a instalação, mesmo que indiretos e, a anuidade fixada no valor mínimo de Cr$ 1.500,00, acrescida de uma taxa de laboratório anual de Cr$ 300,00.

- [7]Justificativa apresentada pela prof[a]-chefe do Departamento em 18/02/1972.

- [8]Livro I – Atas do Departamento de Educação – pp. 17-20.

- [9]Diário do Grande ABC, 07 junho/77.

- [10]Considerações da Professora-Chefe do Departamento de Educação, Olga Molina, em 28/09/1976.

- [11]A proposta é apresentada, particularmente, pelo professor Petrônio de Matos Coutinho, recebe o apoio de outros professores, dentre eles a professora Eleny Christófaro, com interesse manifesto pela Supervisão Escolar.

- [12]Ata de Reunião do Departamento de Educação, em 19/03/77.

- [13]Reunião do Departamento de Educação, em 1/07/81 e que apresentou a análise, discussão e encaminhamento de questões com caráter marcadamente pedagógico.

- [14]A FUABC, mantenedora da Faculdade de Medicina, era subvencionada por três prefeituras municipais: a de Santo André, a de São Caetano do Sul e a de São Bernardo do Campo.

- [15]Diário do Grande ABC, em 28/08/77.

- [16]O Centro de Pós-graduação oferecia oito Cursos de especialização e quatro de aperfeiçoamento, com a proposta de expansão futura para programas de mestrado e doutorado. prof^a Drª Lady Lina Traldi ocupou a coordenação do Centro. O corpo docente constituído pelos doutores: Amélia Americano D. de Castro, Maria Thereza Fraga, Anita Cabral, Antonio Delorenzo Neto, Benedito Castrucci, Jairo Simon da Fonseca, Augusto Nora Antunes, Alésio João de Caroli, João Gualberto de Meneses, Joaquim Alfredo da Fonseca, Piero Laugeni, Joel Martins, José Carlos Garbulio, Leila Perrone Moisés, Oracy Nogueira, Massaud Moisés, Teófilo de Queiróz Júnior, Orestes Gonçalves, Rafael Grisi, Wladimir Pereira, Shozo Motoyama. Cf. Anuário 72 – Fundação Santo André.

- [17]Reunião do Departamento de Educação, em 14/09/85.
- [18]Estiveram envolvidos diretamente os professores Marilena Nakano (Estrutura e Funcionamento do Ensino de 1º Grau), responsável pela apresentação da proposta de integração; Antonio Rago Filho (Sociologia da Educação) e Maria Helena Bittencourt Granjo (História da Educação). A prof^a Sônia Maria Portella Kruppa se integrou ao grupo quando assumiu aulas de Estrutura e Funcionamento do Ensino de 1º Grau.
- [19]Os depoimentos dos professores Marilena Nakano e Elmir de Almeida são elucidativos da situação vivida por alunos e professores à época. Também as edições do Diário do Grande ABC em 31/01 e 07/02/88.
- [20]O Diário do Grande ABC negou-se a publicar matéria paga dos professores sobre a questão.
- [21]A professora Maria Helena Bittencourt Granjo assume a condução do Departamento de Educação, por vontade manifesta de seus pares e tem uma atuação fundamental para que o Departamento possa continuar os seus trabalhos, num contexto de conflito explícito.

- [22]A prof.ª Dr.ª Neusa Jorge Longo renunciou à Direção da FAFIL, atendendo à reivindicação da Congregação da Faculdade. Um nova conjuntura política (com a eleição do prefeito Celso Daniel – PT) conduziu o professor Gilberto de Andrade Martins à presidência da FSA e uma professora do Departamento de Letras, Dr.ª Maria Cecília de Queiroz Pinto, ao Conselho de Curadores.
- [23]Depoimento do prof. Elmir de Almeida, em dez/2000.
- [24]O jornal local, Diário do Grande ABC abriu espaço para expressão desses grupos.
- [25]Os professores Maria Cristina Cavaleiro, Elmir de Almeida, Maria Elena Villar e Villar, Marilena Nakano, Marli Pinto Ancassuerd e Sônia Maria Portella Kruppa assumiram cargos de primeiro escalão, diretoria e chefias na Secretaria de Educação, Cultura e Esportes de Santo André.
- [26]Depoimento do prof. Elmir de Almeida, em dez/2000.

Capítulo IV

- [1]Atas do Departamento de Ciências Humanas, Seções de Pedagogia e Ciências Sociais (1966).
- [2]Até a sua extinção, em 1976, a COPEVE realizou estudos sistemáticos sobre os vestibulandos da FSA, não cumprindo, porém, com o que de forma complementar fôra proposto: fazer a correlação dos resultados dos vestibulares com a atuação do aluno ao longo do curso.
- [3]As *expressões capital econômico e capital cultural* utilizados por Bourdieu referem-se, a primeira delas, à posse dos meios de produção, e a segunda, aos hábitos culturais de um grupo, assim como os modos de comportamento deste com relação ao conjunto da produção simbólica.

- [4]Integraram o grupo: Algemira Lorca Kollar, Telma Lúcia de Freitas, Sueli Aparecida Cremon, Nilza Aparecida de Oliveira, Albertina Ferreira e Solange Gomes Ambrósio. Cf. cópia mimeo. "guardada" por Marli Pinto Ancassuerd e Marilena Nakano.

- [5]Referência feitas às práticas tecnicistas de ensino e avaliação difundidas nas escolas de 1º e 2º graus, na década de 70.

- [6]É esperado que o professor desenvolva o que Bourdieu denomina uma *pedagogia racional*.

- [7]A presidência foi ocupada à época pelo prof. Dr. Gilberto de Andrade Martins e foi a primeira vez que um professor e diretor da FAFIL assumiu o cargo, eleito por seus pares do Conselho, no qual o poder público municipal tinha a maioria dos votos.

- [8]Superam a renda média familiar total 19,5 salários mínimos, os alunos de Ciências Econômicas, Ciências Contábeis, Administração Hospitalar e Bacharelado em Matemática. Doc. I Censo – FSA, p. 71.

- [9]Reginaldo Prandi graduou-se em Ciências Sociais na FAFIL em 1970 e foi professor de Estatística Aplicada à Educação (I e II) no curso de Pedagogia.

- [10]Ainda em 1991, um grupo de professores do Departamento de Educação: Elmir de Almeida, Sebastião Haroldo de Freitas Corrêa Porto, Sônia Maria Portella Kruppa e Terezinha Ferrari, elaborou um ante-projeto de pesquisa intitulado *O estudante trabalhador do 3º grau na região metropolitana do Grande ABC*. Por falta de amparo institucional, a pesquisa não se efetivou.

- [11]O *habitus* tende a conformar e orientar a ação dos atores, mas na medida em que é produto das relações sociais, tende a garantir a reprodução dessas mesmas relações objetivas. A interiorização de valores, normas e princípios sociais assegura, dessa maneira, a adequação entre as ações dos sujeitos e a realidade objetiva da sociedade como um todo.

- [12]Depoimento dado por Marilena Nakano.

- [13]Livro *Termos de Visitas de Autoridades Escolares*. Faculdade de Filosofia, Ciências e Letras de Santo André.

- [14]Um total de 72 (setenta e dois) Termos de Visitas de Autoridades Escolares são lavrados no período março/69 a outubro/72. *O conteúdo não é diferente: verificação de matrículas, expediente de rotina e situação de ordem reinante.* (Livro I).

- [15]Foi expulso o aluno Pedro Jorge de Freitas, membro do Centro Acadêmico da FAFIL, em 10/dez./83.

- [16]É necessário registrar que diante de impedimento temporário para consulta aos Arquivos do Diário do Grande ABC, nos valemos de *Pasta Notícias da Fundação* organizada ao longo dos anos 80/90 por Marli Pinto Ancassuerd e Madalena Ciari de Almeida, Bibliotecária da FSA. Também de cópias xerografadas do arquivo pessoal do pesquisador Ademir Médici, cedidas a alunas do curso de Pedagogia para trabalho de pesquisa realizado em 1990. Esse material (Pasta e Monografia) está à disposição na Biblioteca Central da Fundação Santo André.

Capítulo V

- [1]Um estudo abrangente sobre o assunto, destacando as principais questões relacionadas à identidade do curso e com ampla bibliografia sobre o tema, foi realizado por Carmem Sílvia Bissoli da Silva, na sua dissertação de mestrado, 1999.

- [2]Cf. Doc. *Projeto de Reestruturação do curso de Pedagogia*, dezembro 1974, pp. 1-15. São apontadas, além das exigências legais, razões ditadas pelo mercado e reivindicações dos alunos para a redução da duração do curso.

- ³Relatórios Anuais da Faculdade de Filosofia, Ciências e Letras de Santo André. Período: 1970-1974.
- ⁴Relatórios Anuais (1970-1974). Volume II – *Pontos e questões organizados para os exames finais*.
- ⁵Em 1980, durante a I Conferência Brasileira de Educação, em São Paulo, foi instalado o Comitê Nacional Pró-Formação do Educador. As discussões iniciais visavam encaminhar mudanças no currículo de Pedagogia. Mais tarde, esse movimento de reestruturação se estendeu aos demais cursos de licenciatura. Em 1981, o *Comitê* solicitou às universidades que participassem dos seminários regionais promovidos pelo MEC para debater o tema *"Reformulação dos cursos de Preparação de Recursos Humanos para a Educação"*. Tais encontros desembocaram na realização do *I Encontro Nacional*, em 1983, em Belo Horizonte, quando foi criada a Comissão Nacional de Reformulação dos Cursos de Formação do Educador (CONARCFE). O documento final deste encontro nacional evidenciou o início do desatrelamento do processo de reformulação dos cursos das *amarras* do Estado. As professoras Olga Molina e Marli Pinto Ancassuerd participaram do processo descrito, como representantes da FAFIL e do seu curso de Pedagogia.
- ⁶As análises e debates feitos aparecem registrados no Documento. *Propostas Alternativas – Curso de Pedagogia – Fundação Santo André – 1984-1986*. Cópia guardada por Marilena Nakano e Marli Pinto Ancassuerd.
- ⁷Segundo Schon, no *modelo de racionalidade técnica*, a atividade do profissional é, sobretudo, instrumental. Com a separação entre pesquisa e prática docente, é esperado que os pesquisadores forneçam a ciência básica e aplicada e as técnicas dela derivadas para diagnosticar e resolver problemas da prática. Dos profissionais espera-se que forneçam aos pesquisadores os problemas para

estudo e o teste da utilidade dos resultados das pesquisas.

- [8]Ata da 20ª Reunião do Departamento de Ciências Humanas, pp. 54-57.

- [9]Na defesa das atividades de pesquisa e da permanência das disciplinas consideradas importantes para o seu desenvolvimento (Matemática, Estatística, Processamento de Dados), posicionou-se, também, a professora Hebe Guimarães Leme (Seção de Ciências Sociais), responsável pelo *Centro de Estudos de Sociologia e Psicologia do Trabalho* (CESOPT), cujo acervo de pesquisas realizadas na década (1970-1980) perdeu-se no labirinto dos "arquivos" da Instituição. É possível ter notícias dos trabalhos de investigação realizados através de informações dispersas por várias fontes documentais: atas das reuniões do colegiado de Ciências Humanas; Anuário FAFIL/1972 (único elaborado), relatórios dos vestibulares. Foram realizadas pesquisas sobre: o perfil do alunado que buscava os cursos da FSA; analfabetismo e escolaridade na população de Santo André; a vida cultural e educacional dos habitantes da *Favela Experimental* (no entorno da FAFIL); o mapeamento das favelas existentes em Santo André.

- [10]A exclusão da disciplina Estudos de Problemas Brasileiros foi decidida em reunião do Departamento de Educação de 23 de outubro de 1993.

POSFÁCIO

- [1]In *La prière de l'enfant*. Ed. Robert Laffont. Paris. 1944. O fio que ligava Teseu a Ariadne lhe permitira encontrar a saída do labirinto. O que salva Teseu é o fio que o liga a Ariadne, isto é, a uma mulher, ao amor, à memória, à humanidade não bárbara. E se romperes esse fio, mesmo se matares o Minotauro, não sairás mais do labirinto. (texto selecionado com a contribuição de Eulina

Pacheco Lutfi).

ANEXOS

• ¹A figura da cátedra (e do professor titular de cátedra) foi eliminada quando da reforma estatuária realizada em meados dos anos 90.

DEPOIMENTOS

Nelson Zanotti - primeiro diretor da Faculdade Municipal de Economia de Santo André; fundador, primeiro diretor e professor Emérito da Faculdade de Filosofia, Ciências e Letras de Santo André.

Marilena Nakano - professora de Didática no curso de Pedagogia. Exerceu a chefia do Departamento de Educação no período 1990-92. Foi Secretária de Educação em Santo André no primeiro ano da gestão Celso Daniel (1989-1992).

Elmir de Almeida - professor de História da Educação no curso de Pedagogia até 2005. Exerceu a chefia do Departamento de Educação no período 1998-1999. Assumiu a direção do Departamento de Cultura de Diadema na gestão 1993-96 e a Coordenação do Serviço de Educação de Jovens e Adultos da Secretaria Municipal de Educação, Cultura e Esporte de Santo André na primeira gestão Celso Daniel (1989-1992).

Movimento da Comunidade Acadêmica pelo afastamento do Reitor. FSA, 2007-2008.

Foto: Ricardo Trida

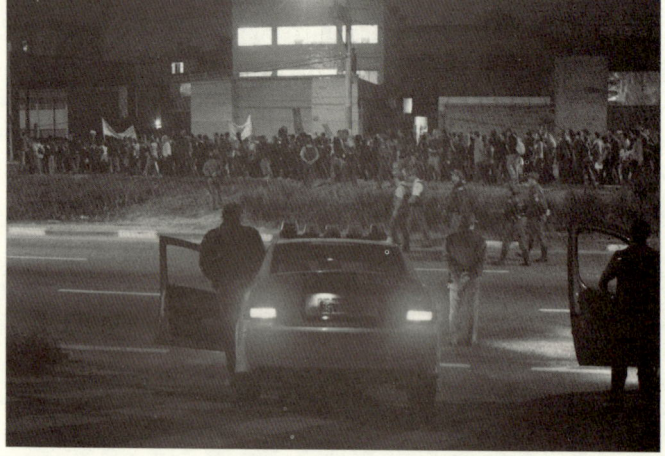

Foto: Ricardo Trida

Foto: Ricardo Trida

Foto: Denis Maciel

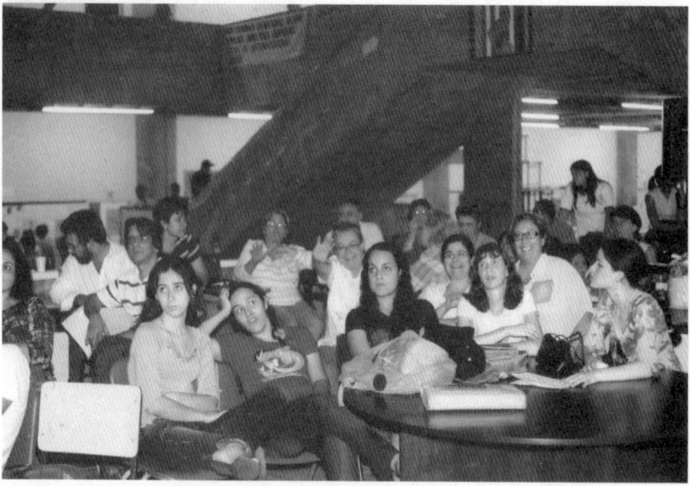

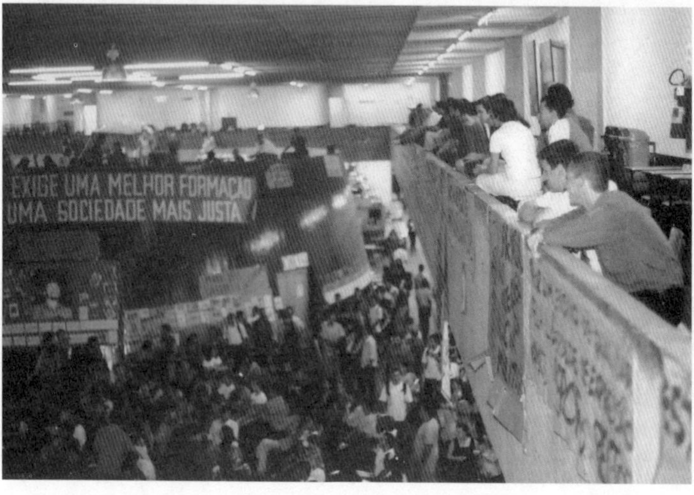
EXIGE UMA MELHOR FORMAÇÃO
UMA SOCIEDADE MAIS JUSTA

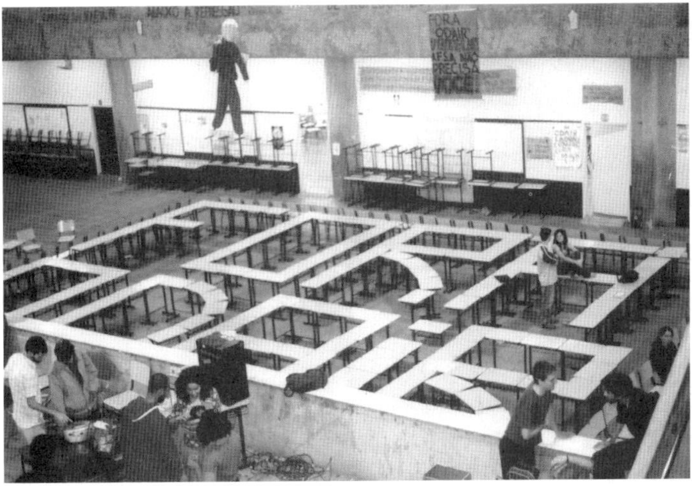
FORA
ODAIR
AFSA NÃO
PRECISA

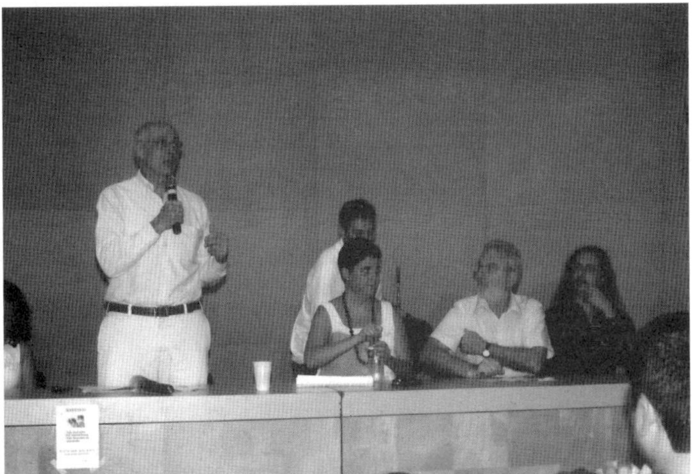

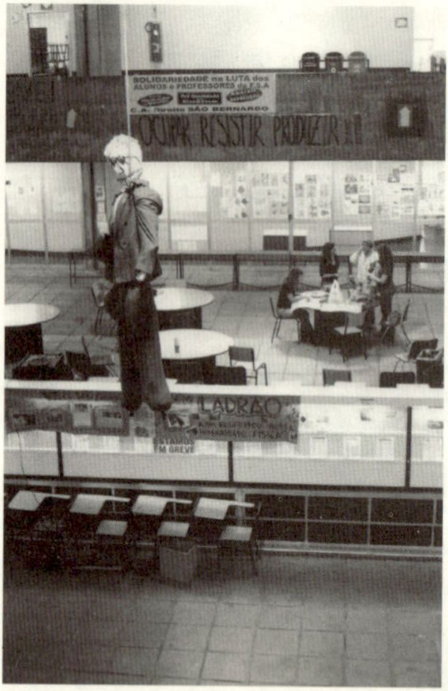

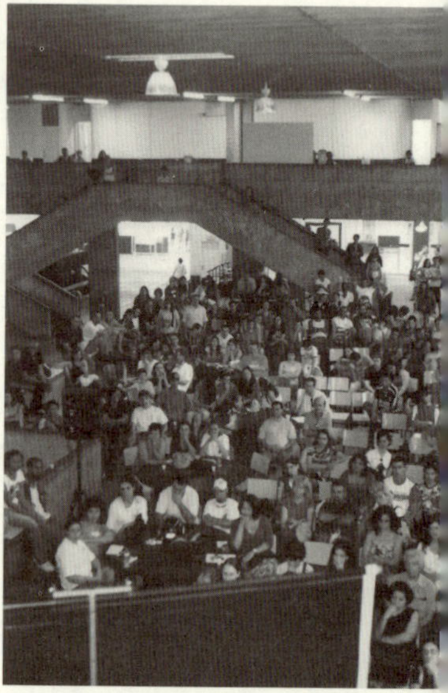